重庆民办高等职业教育教学改革研究与实践

唐一科　甘永诚　主　编

重庆大学出版社

图书在版编目(CIP)数据

重庆民办高等职业教育教学改革研究与实践 /

唐一科,甘永诚主编. -- 重庆:重庆大学出版社,2021.3

ISBN 978-7-5689-2527-3

Ⅰ.①新… Ⅱ.①唐…②甘… Ⅲ.①民办高校—高等职业教

育—教学改革—研究—重庆 Ⅳ.①G648.7

中国版本图书馆 CIP 数据核字(2020)第 259735 号

重庆民办高等职业教育教学改革研究与实践

Chongqing Minban Gaodeng Zhiye Jiaoyu Jiaoxue Gaige Yanjiu Yu Shijian

唐一科 甘永诚 主 编

责任编辑:张红梅 周小婷 袁铭苒 版式设计:张红梅
责任校对:万清菊 责任印制:邱 瑶

＊

重庆大学出版社出版发行

出版人:饶帮华

社址:重庆市沙坪坝区大学城西路 21 号

邮编:401331

电话:(023)88617190 88617185(中小学)

传真:(023)88617186 88617166

网址:http://www.cqup.com.cn

邮箱:fxk@ cqup.com.cn(营销中心)

全国新华书店经销

印刷:重庆华林天美印务有限公司

＊

开本:787mm×1092mm 1/16 印张:13 字数:227千

2021 年 3 月第 1 版 2021 年 3 月第 1 次印刷

ISBN 978-7-5689-2527-3 定价:50.00 元

编委会
Editorial board

前 言
Foreword

　　"十三五"时期,我国职业教育发展取得巨大成就。职业教育为我国经济社会发展提供了有力的人才和智力支撑,现代职业教育体系框架全面建成,服务经济社会发展的能力和社会吸引力不断增强,具备了基本实现现代化的诸多有利条件和良好工作基础。

　　党的十九大报告提出,建设教育强国是中华民族伟大复兴的基础工程,必须把教育事业放在优先位置。随着《国家职业教育改革实施方案》(简称《方案》)的出台,职业教育的重要地位和作用越来越凸显,"我国进入新的发展阶段,产业升级和经济结构调整不断加快,各行各业对技术技能人才的需求越来越紧迫,职业教育重要地位和作用越来越凸显。"《方案》中提出的 20 条措施,集中了国家发展职业教育的新思想、新理念、新要求、新举措,是新时代中国特色社会主义教育总体部署的重要组成部分,充分体现了党中央、国务院对发展职业教育的高度重视。

　　为了回顾、总结"十三五"时期重庆市民办高职院校教育教学改革与实践取得的成绩,重庆市民办教育协会高等职业院校专业委员会组织编写了《重庆民办高等职业教育教学改革研究与实践》一书,收集和整理了重庆市 15 所民办高职院校广大教育工作者在教学建设与改革,现代教学方法与手段改革,产教融合与实习实训改革,大学生思想政治工作等方面的理论性、研究性、实践性文章近 40 篇,希望能对重庆市的民办高等职业教育教学改革创新有所帮助。

本书既可以作为重庆市民办高等职业教育广大教育工作者的教学参考书,也可以作为学习提高的自学读物。在收集、整理论文以及出版本书的过程中,我们参阅和借鉴了近年来公开发行的一些著作,还采纳了有关专家学者提出的宝贵意见,在此一并向这些作者、专家学者以及关心、支持本书出版的读者朋友们表示诚挚的谢意和敬意。同时感谢重庆能源职业学院、重庆艺术工程职业学院为本书的出版所给予的大力支持与帮助。

由于时间仓促,加上编者水平有限,书中不足之处在所难免,诚恳地希望广大读者批评指正。

编　者

2021 年 3 月

目 录
Contents

大数据时代背景下民办高职人才培养模式创新研究

曹小平

重庆科创职业学院

摘　要:目前大数据技术的发展使得高职教育与政府、社会力量、企业及第三方评价组织的联系更加密切,对提高民办高职院校的教育质量、客观把握高职院校服务社会的功能具有积极意义。民办高职院校的人才培养旨在为地区经济服务,增强区域经济文化基础,提高区域经济结构和创新能力水平。因此,民办高职院校必须在遵循人才培养规律的基础上,紧跟时代发展,融入时代背景。

关键词:大数据时代;民办高职;人才培养模式

一、引　言

佛兰德·科伯思指出,如果不深化对政策、经济、文化发展过程的认识,提高和改进教育效果就无捷径可走。民办高职院校要在大数据时代背景下找准自身定位,要树立不同层次、不同类型的学校都能培养出一流人才的观念,不可沉迷在与综合性大学的比附定位上,民办高职院校管理者一定要冷静思考,不能盲目跟风,不能有大搞圈地、摊大系科建设的观念,要体现出专精化的办学理念,增强与社会力量的沟通和融合,培养高技能人才。在大数据时代背景下,对新人才的要求内涵必须是软件重于硬件、质量重于数量、精重于全,重点解决好四个问题:①培养什么样的人才;②怎样培养人才;③找准学校在高等教育中的位置;④找准学校在社会、行业中的位置。

二、大数据时代背景下民办高职院校人才培养模式落后的原因

(一)发展理念中途模糊

我国民办高职院校在设立初期发展理念是明确的,多数是本着培养社会缺口人才的原则,或者在地方政府引导下建立的,创造了一定的社会效益。但是随着大数据时代的到来,民办高职院校所对口的社会经济需求发生了转变,许多高职院校

的发展理念就无法坚持或日益模糊,对社会经济的隐形因素把握不准,看不清产业的发展走势和院校与社会力量的交互趋势,片面强调在实践中增长专业技术,人才培育重数量不重质量,导致学生失去了竞争力,生源越来越少。

(二)管理模式限制人才培养

民办高职院校的基本特征是核心管理机构不具备相对独立的教育资源,各教学(院)系分别履行不同的职能,通常是侧重教学。办学权力过于分散,难以规范管理,加上教学(院)系常常把专业设置看作一种创收手段,重经济效益、轻管理和投入,不利于民办高职院校长期而稳定地发展,也不利于在大数据背景下形成对人才培养模式的创新认识。

(三)对当前职业教育人才培养模式认识不足

当前我国职业教育对"大数据时代"的认识较为模糊,以为信息技术对教育的影响就是硬件建设,殊不知"大数据时代"已然由外延式发展进入了内涵式发展的"新阶段",其重要表现就是近年来的一系列国家战略强调社会各界协同发展、跨界交流,人才竞争由传统的质量竞争转为适应性竞争。内涵式发展是高职院校人才培养的必然趋势,民办高职院校应重新审视人才培养的内涵。

(四)在人才培养目标方面存在偏差

过去高职院校虽然为企业及社会培养了诸多技能型与应用型人才,然而所培养出来的人才往往是相对单一的技能应用型人才。随着"创新型国家"目标的提出,我国对创新型的高技能人才的需求增加,民办高职院校的人才培养模式与国家人才战略目标存在较大的偏差。很多民办高职院校认为,高职学生入学分数线较低,文化素质一般都比较薄弱,对高职学生的培养就是提高他们的动手实践能力、技术水平,因此对高职学生的创新教育不太重视。

三、大数据时代下的民办高职院校人才培养目标

(一)融入区域经济,兼顾三方需求设置专业

立足区域人才供应是高职院校的发展之本,特别是在专业设置方面,区域经济发展趋势各有特色,离不开政府层面、地方企业对人才的实际要求。需要注意的是,一旦政府发展规划明朗起来,企业转型的效率往往就会高于高职院校的人才培养方案转型,所以民办高职院校应与政府、企业在产业发展及专业设置方面保持健康深入的沟通,在专业设置、人才培养方案制订的过程中,广泛听取各方意见。同

时,民办高职院校专业设置还要考虑学生的意见,在实际工作中倾听学生对专业设置的心声,落实产教结合。

(二)在区域经济发展中重构人才发展空间

"职业"是民办高职院校的定位基础,其人才培养的目标是适应某一类产业生产实践活动,民办高职院校人才培养理念对接产业结构需求是根本。高职院校应深度解读"以市场需求为导向",在大数据时代下,区域经济发展都面临着产业转型趋势,民办高职院校应严格把握市场人才需求与论证分析,通过市场分析咨询法找准人才发展空间,以职业性原则为基础进行专业划分与设置,把握专业与职业之间的新型关系,利用不同学科间的交叉完成相似专业复合基础上的创新,提高教学资源利用率。

四、大数据时代背景下民办高职院校教育改革对策

(一)丰富职业教学内容

在大数据时代背景下,职业教育的教学方法改革是一项系统工程,发展与创新离不开学习和汲取他人先进经验,一些国外职业教育教学理论如德国的行动导向教学、英国的能力本位教学等对我国民办高职院校深化教学方法改革有较高参考价值。

此外,大数据时代背景下,职业教学内容也应扩展到更多的相关领域,我们认为至少应包括职业岗位(群)的任职要求,职业资格标准,教材建设,教学内容,各种教学案例、习题、课件等。这就要求教材体现较高的来自行业的新信息、新知识、新观念,一些来自职业岗位的新情况、新现象、解决问题的新办法也应尽快整合序化为实用教材。

(二)推广联合教学法

民办高职院校可利用企业提供的师资力量,引进适应国情的新教学方法,例如推进民办高职院校教师顶岗实践基地建设,促进院校、企业双方师资力量的融合设计,对人才进行共同培养、共同教学,打破双方体制约束,推进"双主体"合作育人。如果民办高职院校、企业双方合作程度高,实训基地也可以通过聘用资深企业人员与职教机构指导教师合作教学,引进一些有特色的教学方法,加强学生对生产流程的内在理解,创新人才培养模式。

(三)加强双师型师资队伍建设

民办高职院校还应加强"双师型"师资队伍建设。目前的调查结果显示,大约

86%的高职院校专业教师表示希望成为"双师型教师",而"双师"队伍的建设情况是一所高职院校在大数据时代背景下"产教融合"的标志。"双师"队伍的建设对培养学生企业职业能力有直接促进作用,能够使毕业生专业知识更扎实、操作技能更熟练,对岗位职责了解更透彻,相当于企业直接应用成熟人才,更有利于民办高职院校在教学实践中进一步摸索人才培育创新之路。

(四)实践平台创新

为了提升民办高职院校的教学能力,高校应鼓励教师、学生参与政府、企业主导的创新创业的项目,让教师和学生通过实战成长,积累更多创新型教学的经验。相关企业也可以作为创新创业实践课程的平台,挑选有意向的学生进入企业,师生配合,学生可以在实践课程平台发挥自身创造力,教师也可以在实践课程平台积累教学经验,教学相长,更有利于创新创业实践课程平台的成长和丰富。

五、大数据时代背景下高职院校的人才协同培养模式

(一)高职院校与政府协同的人才培养体制

高职院校聘请政府相关管理者、企业家、相关技术骨干等构建创业教育委员会,使其积极广泛地参与创业教育人才培育方案的制订、课程体系的构建等环节,共同加强创业基地的建设。政府要为大学生创业优化政策环境,提供有力支持,循序渐进地形成与完善适应高职院校办学特色的、有关创业教育方面的校企合作机制,诸如针对大学生广泛地实施 KAB 项目与 SYB 项目。

(二)高职院校与企业协同的人才培养模式

加强创业教育师资团队的建设,聘请企业家或行业专家到高职院校开展讲座,讲述其创新创业的经历,既活跃课堂的气氛,又增加学生的认知。积极地打造与建设实训平台,健全技能实训体系,形成递进模式:首先为实验,之后进行实训,然后在岗位中实习。人才培养应以职业岗位的主要特征为依据,开展创新创业竞赛活动,实施仿真模拟、进行实践以及顶岗实习等,增强学生对职业及岗位的感受与体验。

(三)学生与教师协同的人才培养模式

教师要采取挂职锻炼等方式积累丰富的经验且使知识结构得以充分优化,实训基地对教师能力的提升也有极大的促进作用。实训基地可由实训教师和安全管理人员共同管理,具有中级以上职称的专业技术教师才能对实训基地负责,并且由

专职工作人员来管理实训基地的日常事务,教师要通过实训基地推行学生培训上岗机制。对于优秀的技能型学生,进行严格的培训和考核后,可允许其参与实训管理。

协同培养模式可以提高学生的实践水平,渗透行业企业发展所需要的知识、技能,彰显创新性与前瞻性,创新评教模式,有机地结合教、学、做、评等环节。在教育理念中,倡导行动的导向作用,以不同的教学模块为依据优化教学模式,有机结合现场教学、案例教学以及项目教学,强调过程化考核,着眼于课程实践、企业经营业绩、评价等多个维度的健全的课程评估体系。

六、结　语

当前,大数据时代背景下,民办高职院校的人才培养首先要将学生从"教室、图书馆、实验室、书本"等传统教学资源中解放出来,采用多主体协同教学的教学模式,在"理实一体化"实训场所中运用新教学方法,因此多方协作、引进新教学模式和方法是当前民办高职院校面临的课题。民办高职院校应在教学内容、教学方法和教学模式的创新实践中积累工作经验,为推进职业教育改革提供理论支撑。

参考文献

[1] 石伟平.比较职业技术教育[M].上海:华东师范大学出版社,2001:336-337.

[2] 欧小凤,罗琴.新常态下职业教育内涵式发展的战略意缊、核心诉求与路径选择[J].教育与职业,2017(18):7-13.

[3] 肖静.面向2030职业教育发展中的挑战与应对[J].教育与职业,2018(1):10-16.

[4] 马文平.新课程改革中教师角色的定位[J].文学教育,2009(1):134.

职业教育视角下高职课程建设的创新发展研究

吕 雪

重庆海联职业技术学院

摘 要:随着教育理念的不断更新,职业教育日渐成为被关注的焦点。为了更好地适应职业教育需要,做好高职课程建设与改革,让学生从教学中获得更为重要的专业知识以及专业技能就显得极为重要。本文就职业教育视角下高职课程建设的创新发展进行探索,希望可以为高职课程教学的开展提供借鉴。

关键词:职业教育;高职课程;课程建设

一、学生职业素养培养的重要性

(一)有助于学生更好地走入社会

由于学生具有个体差异性,所以在开展相关教育工作的过程中,应当高度重视学生个性,认真贯彻并落实因材施教这一原则。关于学生的个体差异性,除了年龄、智力、特长、性别、爱好的差异之外,还应将价值观、生理与心理发展特征等方面的差异包括进来。所以,在开展高职教育工作的过程中,应当高度关注学生个体差异,将良好的外部教学条件提供给每个学生,注重依据教育与教学规律,开展科学、高效的引导与训练工作,促使个体得到发展,使其成为具备一定创新与实践能力的高级技术人才。通过对学生职业素养进行科学培养,帮助学生更好地适应社会,使其更好地步入社会。

(二)有助于社会经济的发展

当前社会正朝着知识经济时代与学习化社会发展,各个国家都非常重视高科技化、理性化、学习化与竞争国际化等内容,综合任务正在不断将一些传统的岗位取代,社会各界越来越重视劳动者综合能力与个性特征的发展。在知识价值链中,客观的专业性技术知识占据至关重要的地位,越来越多的年轻人考取多个行业的准入资格。高职院校在对学生职业素养进行培养的过程中,对相关职业技术教育体系进行了建设。职业技术教育体系具备一定开放性,学习者除了掌握岗位要求的知识与技能之外,还应具有健康的职业心理与终身发展能力。由此可见,学生职业素养培养活动的开展,能够加快推动社会经济的发展与进步。

(三)有助于职业教育时代进步

在职业教育时代中,要求关注个体的全面和谐发展,主要是为了实现学生的整体发展。人的最高价值体现就是教育,教育具有终身性。个体具有一定的自我目的性,教育活动的开展能够激发学生的潜力,提高学生的能力,并对其自我性、主动性、抽象归纳能力、理解力与创造力进行培养,确保其做出的选择具有一定意义。高职教育将学生综合能力的提升作为重点培养方向和目标,并通过职业素养培养活动,实现学生整体职业素质的提升,促使其个性更加健全,进而推动职业教育的发展与进步。

二、高职课程建设中存在的问题

(一)与职业发展要求的联系不够

在当前社会中,社会分工更大程度上取决于个人自身能力与受教育水平。当代社会分工的主要机制来源于教育层次和职业定位,学校教育明显影响着社会分工,但是长时间以来,职业教育与普通教育,特别是学术教育处于不平等地位。在社会分工中,职业教育系统的毕业生,主要从事一线工作。长期以来,职业教育对学生的终身学习与可持续发展不够重视,导致高职学生在步入工作岗位以后的个体发展呈现出某种片面性。在开展高职课程建设工作的过程中,教师通常只根据教材内容要求学生对一些理论基础内容与实践技术进行学习,这样很难适应未来工作岗位的要求,也不利于学生未来的学习与工作,严重影响其职业发展。

(二)高职课程教学目标清晰度不够

关于高职课程的教学目标,应当进行进一步明确。高职课程的开展主要是为培养学生的职业技能和职业素养,扩充学生的专业知识,进而使其深入掌握自然学科、人文学科与社会学科的知识,熟悉不同学科、不同课程以及不同知识间的关联,构建自己的知识框架。与此同时,教师还应当充分发挥自身的引导作用,帮助学生运用所学知识对事物作出科学分析,具备一定的判断力与分辨力。目前高职课程的教学目标比较模糊,针对不同类别的学生,未设定具体目标,未明确要提升哪些方面的能力。

(三)实践教学开展存在不足

在开展具体教学工作的过程中,教师通常依据学科本位理论体系对课程内容进行设置。由于高职课程具有一定的职业性、应用性、技术性与整体性,但在课程教学过程中,教师往往只是运用传统的教学方式方法,将理论知识放于教学重要位置,不注重实践教学,教师居于主体地位,主导整个课堂,学生参与度非常低。

当前,社会与经济处于突飞猛进的发展阶段,技术、设备与产品更新换代速度非常快,一些高职院校的校内实训中心,基本上是"过时的"。由于实训设备不能及时更新,学生对新知识与新技术的学习深受影响,学生很难就具体操作技能进行科学训练,不利于学生的发展。

(四)职业教育理念在课程中的渗透不足

新技术的深入发展,生成了许多新兴的高技术产业,促使整个社会的产业结构发生了明显变化,从业人员由传统产业部门向新兴产业部门,特别是新兴知识、信息产业部门转移,引发了大量职业变化与人才流动。目前的就业情况显示,非正规就业所占的比例在不断增加。社会个体要想获得生存型职业,进行职业流动活动,其必要手段就是终身学习与成人的回归性学习。职业教育的重要使命就是劳动力的转移,然而,在开展具体课程建设的过程中,虽然课程改革工作在不断进行,但是教师往往只注重对课程内容的讲解,不注重职业教育理念的落实,致使学生不能掌握最新的职业教育理念,导致学生难以适应社会,不利于学生未来的工作与学习。

三、职业教育视角下高职课程建设的创新发展

(一)强调与职业发展的紧密结合

在职业教育视角下,为了能够将高职课程建设与职业发展紧密联系起来,专业设置应当适应地方产业发展需求。在对专业课程进行设计的过程中,应当依据产业发展需求情况,确定具体内容。针对各个专业,应当开展规范化的人才需求分析工作,通过动态化管理,提升课程设置的科学性、合理性与针对性,通过市场化提升专业建设的标准化程度,利用信息化增强课程建设的现代化,确保专业课程能够与地方产业发展需求相适应。

高职教育不仅属于教育范畴,还属于经济范畴。高职教育是一种就业导向教育,主要负责高技能人才培养,进而服务一线经济建设工作。高职教育的成就不能通过学术成果体现出来,而是通过经济建设表现出来。这就要求高职院校在开展

课程建设的过程中,要更多地关注对地方经济发展以及学校内涵发展的服务,注重对社会物质与智力资源的优化整合与开发利用,通过产学研相结合的开放式专业建设道路将课程建设与职业发展紧密联系起来。

要想将高职课程建设与职业发展紧密联系起来,在进行高职课程建设时,就应当注重创新培养目标,注重对高技能人才进行培养;针对不同的专业,应当依据本专业的具体情况,认真开展职业分析工作,对具体知识、能力结构与职业素质进行明确,提升各个专业培养目标的具体化与个性化程度。

(二)课程教学目标应日渐清晰

在开展高职课程教学的过程中,教师应将知识内容的讲解与实践操作紧密联系起来,以实现学生综合素质的提升,为学生的可持续发展奠定良好基础。高职课程的教学目标,应当与当今时代对创新人才的具体需求紧密联系,依据社会产业结构,对具体需求作出调整,这样教师在开展教学的过程中,就能够与高职教育的特定规律密切关联起来,促使高职课程教学目标变得更加清晰。

职业教育视角下的高职课程教学目标应当与高职学生的个体特征紧密联系起来。针对不同的学生对具体课程的教学目标进行设置,确保所有学生都能得到不同程度的提升。为了确保学生能将理论知识与实践紧密联系起来,在对课程教学目标进行设计的过程中,除了要重视理论教学之外,还应当高度关注实践操作,不断提升对学生实践操作的重视程度,进而为学生的整体发展创造良好条件。

(三)加大实践教学的优化推进

在对高技能人才进行培养的过程中,加快推动学生创新能力的培养与解决问题的能力的提升。这就要求教师对学科进行完整的、系统的学习,帮助学生提升综合职业能力。在这个过程中,教师还应掌握与职业相关的经验、知识和技能,将理论与实践统一起来。在开展具体教学工作的过程中,教师可以交叉设计专业课与实践课,培养学生应用型技术与现场操作技能,实现教育与生产劳动相结合的延伸与拓展。将教育与生产劳动紧密联系起来,能够加快推动我国职业教育的改革与发展,进而加快高等职业技术教育特色课程体系的建设,促使学生就业、升学、个性发展与职业规划需求得到满足。

除此之外,在实训课程中,校内实训基地这一环节发挥着重要的作用。针对实训使用频率较高的关键设备,学校应当设专人管理,及时做好设备的维护工作。依据高职教育特征强化开展实验室和实习、实训基地的建设工作,实现配套的软硬件设备现代科技含量的提升,进而对实践教学体系进行高科技、现代化、信息化建设。因为新技术与新知识更新换代速度非常快,为了实现高职教育与企业实践的紧密结合,学校还应当注重与企业的交流和合作,创建稳定的校外实习、培训基地,将学生当下的学习内容与日后工作紧密联系起来,促使其在学习与实践中实现综合素养的全面提升。

(四)实现课程教学中职业理念的渗透

职业教育主要是对个体的职业能力与职业素养进行培养,促使其顺利步入未来的职业生活。职业环境的变化,要求高职院校对学生的综合性职业能力进行培养,进而为学生职业能力的可持续发展创造良好条件。这就要求在开展高职课程建设的过程中,立足于学生终身学习能力的培养,促使学生在掌握专业化职业技能的同时,具备一定的职业转换能力,将学生学习的主体性凸显出来,实现对自身综合能力、综合素养的提升。在开展具体课程建设的过程中,还应当将"育人"这一理念充分体现出来。面对企业生产环境、管理环境、人文环境与人际交往环境,要求学生能够依据具体生产项目、工艺、规范、操作要求等,参与企业管理与经营,从而实现身份转换,成为职业人与社会人。在这个过程中,除了职业操作技能训练之外,还应当培养学生协同与交流、合作与竞争的能力,使学生树立正确的人生观与价值观,提升其综合职业能力,为企业培养高素质、高能力的现代化职业人。

四、结　语

现代教育技术突飞猛进,促使高职院校的传统教学模式发生了深刻转变,并且促进了现代高职院校改革工作的高效开展。在进行高职课程建设创新的过程中,应当对现代教育技术关于高职院校所产生的变化进行深刻体会,通过科学、先进的教育理念以及相关创新措施,将广大教师工作的积极性与主动性调动起来,为高职课程建设作出重要贡献,加快推动我国职业教育的可持续、稳定、和谐发展。

参考文献

[1] 王伟毅."金课"视阈下的高职院校课程建设路径[J].河北职业教育,2019,3(5):75-77.

[2] 张元军.新时代高职院校课程建设改革初探——以《工程测量》为例[J].四川水利,2019,40

(5):158-159.

［3］路海萍.高职教育课程文化的内涵、问题与建构［J］.中国职业技术教育,2019(29):29-32＋70.

［4］朱冠华,王浩.高职教师课程开发能力及培养策略研究［J］.职业技术教育,2019,40(29): 58-62.

［5］赵璐,左志芳,黄永兰.高职院校专业课程有效课堂建设与质量控制［J］.广东化工,2019,46 (18):206＋205.

基于物联网竞赛课程的信息化教学方法研究

尹舒冉　　周诗玲　　夏先玉　　何志红

重庆建筑科技职业学院

摘　要:计算机技术的飞速发展,对教育教学方法产生了变革性的影响。对信息化教学方法的研究是时代引领下的新课题,也是职业教育教学改革的创新实践。本文通过对物联网技术应用技能竞赛进行研究和分析,列举了基于金课建设下的物联网竞赛课程的研究目的和意义,讲述了物联网竞赛课程的信息化研究过程,推动了教学方法现代化和教学技能规范化。在分析了竞赛课程硬件和软件的配置过程后,我们将信息化教学手段应用到了课程的实施上,并将传统物联网竞赛课程教学方法和信息化教学方法进行了对比,证明了信息化教学手段在物联网竞赛课程实施过程中的优越性。在此基础上,我们通过以赛促学,理论和实践并重,培养出了一批动手实践能力强、技术能力规范、应用技能突出的学生。

关键词:物联网;金课;竞赛课程;信息化教学

"高职院校学生技能竞赛物联网技术应用技能"赛项是由重庆市教育委员会和重庆市人力资源和社会保障局主办的,由赛项执委会专家负责命题,按照重庆市高职院校学生技能竞赛的要求,依据教育部颁发的职业院校物联网相关专业人才培养标准和国家职业标准,结合高职物联网人才培养要求和物联网企业岗位需要制定。

因此,通过竞赛训练,可以促进产教融合、校企合作,同时增强物联网应用技术及相关专业建设课程教学的针对性,教师与学生在整个竞赛过程中对物联网技术的发展有了更深入的了解,认识到课堂教学与实际物联网技术的真实差距,对物联网应用技术及相关专业的建设和课程改革起到了引领作用,同时查缺补漏,丰富和完善物联网应用技术专业课程体系建设,实现应用型人才培养与物联网产业岗位需求的有效衔接,提高物联网应用技术及相关专业人才培养水平,进一步提升高职院校对物联网应用技术产业贡献率和社会吸引力。

同时,我们也改变了传统的理论 + 实操的教学方式,以网上授课 + 线下辅导的形式进行授课。这种信息化教学方法的使用,极大地提升了学生的学习兴趣,教学理念更新,强调了以学生为中心的教学实施,更加注重学生主动性的发挥,是教学发展的必然趋势和目标。下面我们从物联网竞赛课程的教学过程、传统教学方法和信息化教学方法的对比,以及信息化教学方法的应用三方面来阐述信息化教学方法的实施。

一、物联网竞赛课程的教学过程

物联网竞赛过程可以分为硬件安装和软件设计两部分,硬件安装包括物联网工程环境安装部署、物联网感知层设备配置,软件设计包括物联网工程设计、PC 端应用开发和移动应用开发,另外还有小部分考核参赛选手在职业规范、团队协作、组织管理、工作计划、团队风貌等方面的职业素养。信息化教学方法的应用使教学效率明显提高,激发了学生的学习兴趣,从以教师为主导的学习转变成了学生自主学习,学生的学习能力得到了提升。

图 1 是物联网竞赛流程分解图,五个任务对应相应的需要掌握的知识点和技能。

通过对流程图的了解,我们可以将教学过程分解成一个一个的模块,每个模块都有对应的操作视频,学生可以根据自己的进度在线学习,然后挑选时间线下操作。学生学完所有模块后将自己的问题记录下来,教师选择空闲时间对学生的问题进行集中答疑,并发布下一阶段的学习任务。这种竞赛课程分解教学的模式,让学生处在了主体地位,同时减轻了教师的负担。

二、传统教学方法和信息化教学方法的对比

传统的教学方法提倡以教师为主导的课堂教学,这种方式要求教师在一节课的时间内充分引导学生学习。在教学初期,我们没有探索到更好的教学方法,还是以传统教学方法为主,但是经过半年的授课,我们发现学生只能停留在基本的跟学状态,并不能发散思维,不能自己进行设计和布局。我们从中得出结论,传统的教学方法并不适合以实践操作为主的物联网竞赛课程。

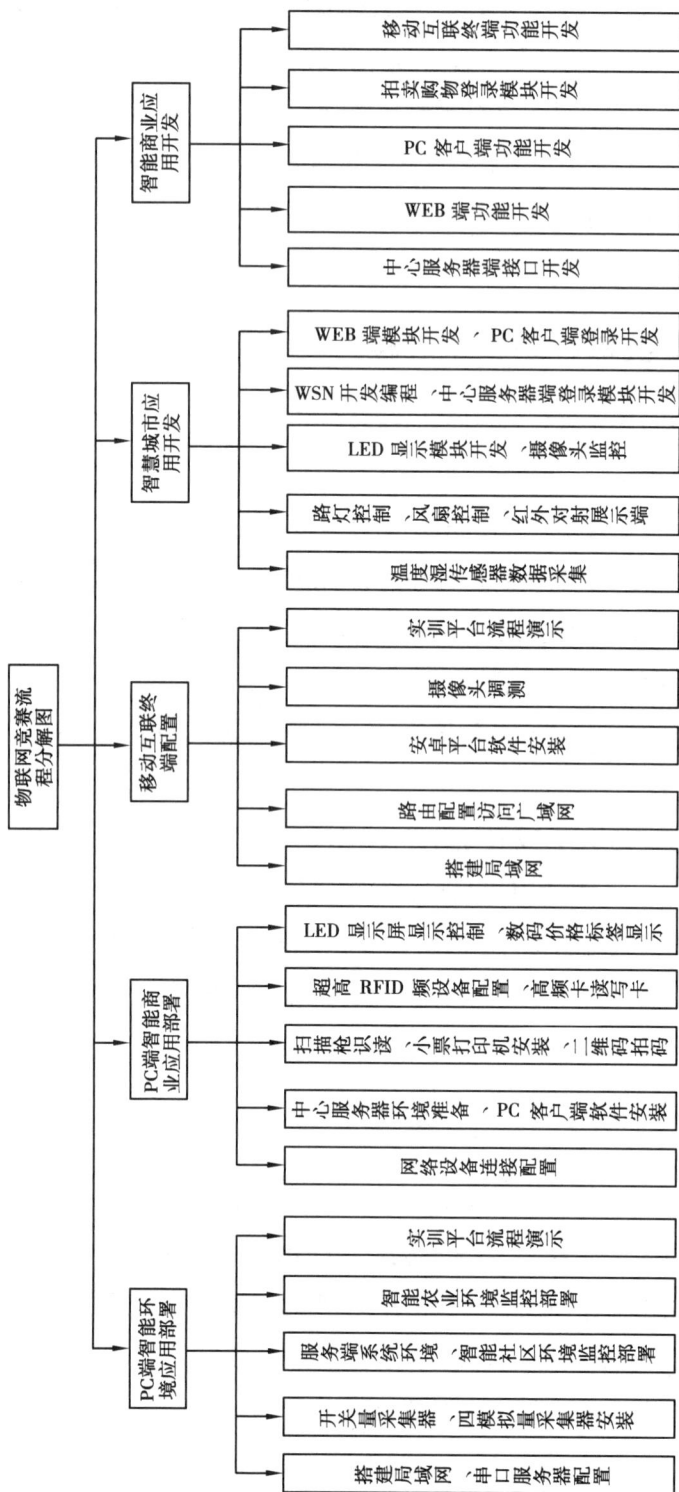

图 1　物联网竞赛流程分解图

由于该课程涉及物联网多方面的知识和能力,要求学生消化教学内容并自主学习,所以网上授课＋线下辅导的教学方式更能激发学生的学习活力和创造力。我们有完整的教学视频和文字资料供学生在课余时间进行学习,教师并不会全程看管式地教学,学生在自主学习和操作后有疑问时才会提问,教师会把问题集中起来选择时间答疑和操作指导。这种教学方式已经进行了半年的实践,结果比预想的好,学生能自主到实训室进行练习,并通过"老带新"带出了一批比较优秀的大学一年级的后备力量,互相督促的学习氛围使学生能更好地掌握细节知识。

图2是传统教学和信息化教学的方法对比。我们可以看到,传统教学更偏向教师的引导,而信息化教学更偏向思维的发散。

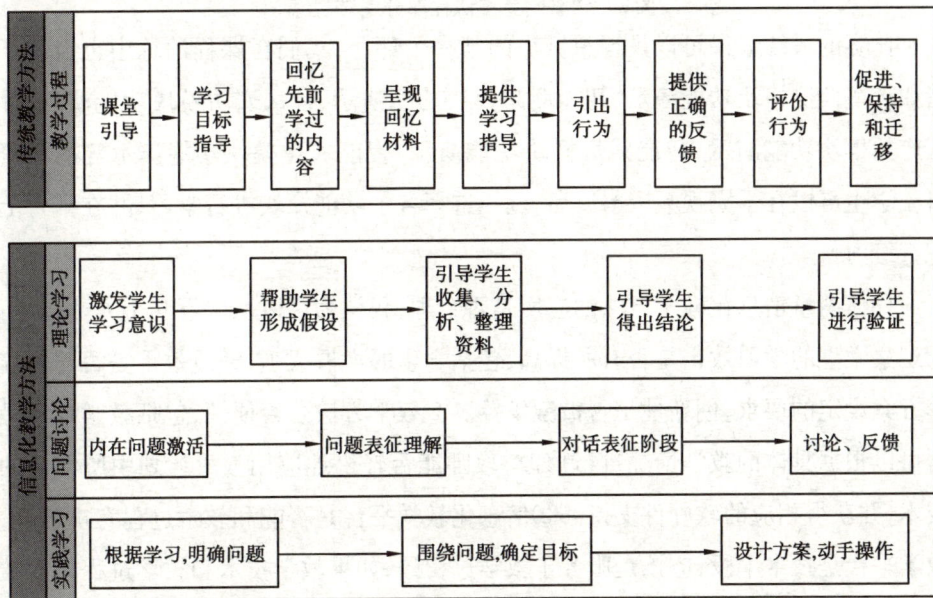

图2　传统教学和信息化教学的方法对比

三、信息化教学方法的应用

在完成初步的信息化教学资料准备后,我们对即将参加2020年比赛的学生进行了训练,训练以学生自主学习视频为主。图3是部分硬件和软件的安装视频,学生边看视频边练习,加深了记忆,同时也掌握了相关知识点和技能。在校赛举办的过程中,我们发现这批学生有很强的应用自主性和创新性,也都取得了不错的成绩,这也证明了老师的这种"放手式"教学对高职教育来说是一种新的碰撞和机遇。

路由器安装配置.mp4	IIS服务器安装.mp4
串口服务器安装配置.mp4	SQL Server 2008 R2安装配置.mp4
摄像头安装.mp4	智慧城市数据库系统部署.mp4
数字量采集器及其设备安装.mp4	.net framework 4.5安装.mp4
ZigBee四模拟量采集器及其设备安装调试.mp4	智慧城市系统web端部署及设置.mp4
ZigBee相关程序烧写与配置.mp4	智慧城市PC端安装配置.mp4
ZigBee数字量相关设备安装调试.mp4	智慧城市移动端(移动互联终端)安装配置.mp4
巡更设备介绍及其安装.mp4	
智能商业挂载设备安装调试.mp4	

图3　物联网竞赛课程部分安装视频

比赛的最终成果可以是智慧城市的某一个部分,我们在课程训练中也设计了诸如环境监测模块功能演示、智能商超模块功能演示、社区安防模块功能演示、社区广播模块功能演示、智能路灯模块功能演示、智能农业模块功能演示等视频资料。学生可以在学完视频资料以后,逐一选择各个功能模块进行学习,并在平台上进行练习。

如何衡量信息化教学方法的应用是否合理,我认为可以从以下几个方面入手:①观察学生的学习效果是否有所提高,包括学生的学习成绩、学习效果是否符合培养方案设定的要求,创新性是否被激发等。②教学方法是否便捷,包括教学计划是否可以根据具体的教学情况进行修改,教师能否轻松地应用教学计划中所涉及的技术,并获得相应的软硬件支持。③信息化教学平台是否能和教学过程有机结合,教学平台是技术手段,应该是服务于教学过程的,如果教学技术和教学过程相互独立,那就不是有效的学习过程。

综上所述,对物联网竞赛信息化教学方法的研究一方面可以提高学生的学习能力,加强物联网应用技术专业知识的掌握,另一方面可以转变教师在课堂中的主导地位,提高课堂教学的效率,同时也提高了人才培养水平。教育工作者应该不断创新,不断研究、分析新的教学手段,推动职业教育教学资源现代化的创新探索和经验开发,促进现代优质高职教学方法的共享。

参考文献

[1] 马静.《物联网系统应用》课程信息化教学设计探析——以"搭建智能家居安防系统"实训模块为例[J].知识经济,2019(3):121-123.

[2] 杨英.以信息化推动职业教育教学现代化的中国探索研究[D].徐州:江苏师范大学,2019.

[3] 张燚.人工智能时代高职物联网应用技术专业信息化教学应用的探讨[J].职业技术,2019(12):27-30.

BIM 技术背景下道路桥梁工程专业课程改革的研究

田曼丽　刘波洲　江爱军　王　杰　伍锡梅

重庆交通职业学院

摘　要:本文阐述在 BIM 技术大力发展阶段高职院校运用 BIM 技术进行课程改革的必要性,指出道路桥梁工程专业课程传统教学中存在的问题,介绍通过创建 BIM 可视化教学资源库对道路桥梁工程专业课程进行教学改革的方法和效果,并提出这种课程改革方式的必备条件,最后提出道路桥梁工程专业要长远发展须开设 BIM 技术应用课程的思路。

关键词:BIM 技术;道路桥梁工程专业;课程改革;教学资源库

一、引　言

建筑信息模型(BIM),是以建筑工程项目的相关信息数据为基础建立的三维数字化建筑模型,具有可视化、模拟性、协调性、优化性和可出图性五大特点。BIM 技术在国内引发了建筑行业一次史无前例的变革。

2016 年 7 月,中共中央办公厅、国务院办公厅印发了《国家信息化发展战略纲要》,要求加快推动信息技术与建筑业发展深度融合,充分发挥信息化的引领和支撑作用。同年,住房和城乡建设部印发了《2016—2020 年建筑业信息化发展纲要》,强调在"十三五"时期要全面提高建筑业信息化水平,着力增强 BIM、大数据、智能化、移动通信、云计算、互联网等信息技术集成应用能力,建筑业数字化、网络化、智能化取得突破性进展。2017 年 1 月,交通运输部办公厅在《关于印发〈推进智慧交通发展行动计划(2017—2020 年)〉的通知》中提出,到 2020 年实现在基础设施智能化方面推进 BIM 技术在重大交通基础设施项目规划、设计、建设、施工、运营、检测、维护、管理全生命周期的应用,基础设施建设和管理水平大幅度提升,主要任务就是深化 BIM 技术在公路、水运领域的应用和推进交通基础设施智能化管理。

BIM 技术成为道路桥梁工程施工的基础性技术,对道路桥梁工程专业学生的发展提出了重大而迫切的要求。2017 年 9 月,教育部发布《教育部关于进一步推进职业教育信息化发展的指导意见》,明确提出职业教育信息化发展水平函待提升,信息技术应用能力提升培训应实现常态化,要重点解决实训教学中"进不去、看不见、动不了、难再现"的难题,大力推进信息技术与教育教学的深度融合。各省市的各类型高职院校已经对 BIM 类课程进行了不同程度的开发和引入,在建筑行业和相关专业院校,BIM 课程的开发和研究已经取得了不错的成绩。如辽宁省交通高等专科学校开设了 Revit 软件与应用课程,结合结构绘制和水暖电图纸绘制;江苏城乡建设职业学院开设了包括建筑装饰施工图绘制与 BIM 建模、建筑装饰工程计量与计价与 BIM、建筑装饰工程项目管理与 BIM、建筑装饰工程招投标及合同管理与 BIM 等课程,从工程全周期介绍了 BIM 的相关课程。天津理工大学管理学院将 BIM 可视化仿真技术应用于"工程项目管理"课程进行课改研究等。然而道路桥梁类院校对 BIM 课程的教学研究却相对较少。基于目前 BIM 技术在道路桥梁工程中的应用情况,研究开发 BIM 技术应用于道路桥梁工程专业课程教学,可以大大提高教学效率,提升高职学生的学习主动性和积极性。

二、道路桥梁工程专业课程教学目前存在的问题

高职院校道路桥梁工程专业的核心专业课程包括"路基构造与施工""路面构造与施工""桥梁构造与施工""隧道构造与施工"等。在这些课程的传统教学中存在以下问题。

第一,这些课程具有较强的抽象性,而且工程结构复杂多样、技术难度大、施工方法多、规模大、工序多、工期长、工作地点流动性大。这类课程良好教学难以实现是因为缺乏直观有效的教学载体,而以施工图为载体,基于工作过程开发,以"项目导向、任务驱动"的理实一体化课程是很有益的探索和尝试。但是,依托施工图纸,需要学生对道路、桥梁和隧道等工程的具体构造形式进行空间想象,这对学生的要求很高,绝大部分学生缺乏这方面的能力,学习难度大,学习兴趣不高。

第二,学生对工程的施工工序掌握不够。虽说现在教学过程中大都有视频解说,形象生动,但是这些视频资源有限,大部分展示个别关键工序,无法全面展示工程的施工过程。因此学生很难连贯性理解和掌握整个工程施工过程。

第三,这些课程都是实践性较强的课程,因此很多高职院校将实训基地建设为"一座桥梁、一片梁板、一段路基路面、一座隧道"的模式,很好地展示工程结构,让

学生直观地了解工程结构,如图 1 所示。但是,学生很难在实训基地清楚地观察到道路、桥梁和隧道的隐蔽构件,而且道路桥梁工程施工中涉及场地布置、施工人员、施工材料、施工机械设备等诸多方面,校内实训基地无法开展,具有明显的局限性。另外由于场地、经费等制约,校内实训基地往往只能展示个别关键工序,不能完整展示施工过程,使学生的技能培训具有不完整性。因此学生往往看得多、做得少,"教一学一做一体化"的教学模式很难切实有效实施。最理想的教学方法是走出校园,走进工地现场,在校外实训基地实施现场观摩学习。但由于道路桥梁领域的工程规模大、工期长,学生实习时间有限,工地上往往重复进行路基填筑、梁板浇筑等施工过程,学生很难参与一个工程项目从动工到完工的全过程。另外,校外实训存在课程教学进度与现场施工进度的协调问题,很难找到与教学同步的工地。与施工单位协调、交通安排、现场安全等都是妨碍校外实训基地发挥作用的主要因素。

图1 某高校路桥实训基地

三、基于 BIM 技术进行课程改革的方法

我校自 2016 年开始尝试探索和开设 BIM 课程(图 2),包括"BIM 建模基础""BIM 技术应用"等,主要涉及 BIM 建模软件和应用软件的学习。在实际教学中,发现可以利用 BIM 模型可视化,工程施工过程可模拟化、参数化,信息完备性等特点,对道路桥梁工程专业课程进行课程改革。而 BIM 的应用不应该仅仅局限于相关软件的操作、创建三维模型、按照施工工艺完成施工模拟,还应该将 BIM 的应用带入道路桥梁专业的专业核心课程中,使学生在理论课堂上既能直观认识各种工

程结构物,又能看到"施工过程",大大提高教学效果。

图 2　学校开设 BIM 课程

因此,可运用 BIM 技术从以下几个方面入手,尝试道路桥梁工程技术专业的核心专业课程教学改革,解决以上教学中存在的问题。

(一)BIM 模型资源库

BIM 技术最主要的特点就是模型可视化,利用 BIM 技术以典型工程施工图为载体创建工程结构三维模型组成 BIM 模型资源库,可使学生在可视化的情境下学习互动。以隧道工程为例,通过创建 BIM 三维模型可以实现隧道工程360°无死角展示。例如隧道模型中的人行横道,不仅可以通过隐藏/显示功能、旋转/缩放功能和剖切功能真实展示人行横道的实体外观,还可详细展示横道的内部结构。另外,将工程施工图和 BIM 三维模型(图3)一一对应,可以帮助学生更有效地识读施工图。在将 BIM 模型资源库应用到构造类课程的教学中发现,借助 BIM 三维模型不仅大大激发了学生的学习兴趣,提高了识读工程施工图的水平,而且促进了学生对工程构造知识的理解和掌握,能够大大提高教学效果。

(二)BIM 施工模拟资源库

路基和路面、桥梁和隧道、涵洞和水工工程是道路桥梁工程重要的施工技术节点。在创建模型后,利用 3ds Max、Lumion、Naviswork 等软件创建各施工节点的施工动画,组成 BIM 施工模拟资源库,可逼真、详细地展示施工工序,让学生详细学习和充分理解工程施工工序。这样一来不但提升了道路桥梁工程专业教学的针对性,也提升了学习的直观性。利用 BIM 技术除了可以进行施工节点模拟外,还可以进行施工进度模拟、技术模拟、安装模拟、安全模拟,这样不仅可以多角度验证工程

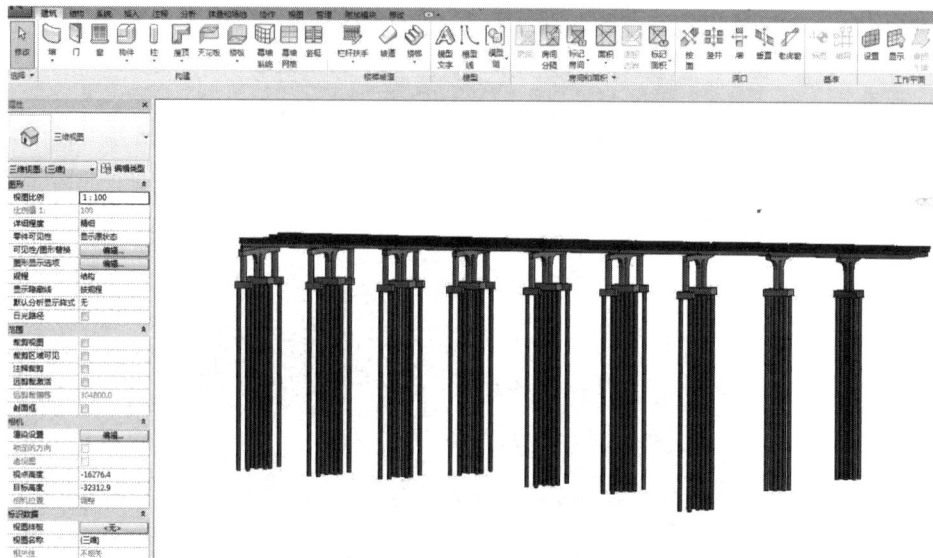

图 3　某变截面桥梁模型

施工方案的科学性和合理性,还有利于增强学生对施工技术、专业知识和基本理论的理解、认知和应用。

(三)BIM 数字工地资源库

依据与道路桥梁工程专业核心课程相关的典型施工图,利用 BIM 技术创建相应的三维施工现场(数字工地)模型(图 4),组成 BIM 数字工地资源库。利用 BIM 软件的漫游功能进行场地漫游,将工程实际工地再现于课堂,让学生仿佛置身于施工现场,"身临其境"地看到项目经理部、混凝土拌和场、钢筋加工场、木工加工场、砂石原材料堆放场、构件预制场地等的布置。数字工地可以根据施工进度计划或者教学进度要求利用 BIM 技术进行施工进度模拟和调整,让学生看到完整的实际"建造"过程。

(四)BIM 可视化教学资源库

利用 BIM 技术在提升道路桥梁工程专业教学可视性、趣味性和交互性的基础上,还可加强学生对道路桥梁工程的理解,降低学生实习实践的成本,提升学生实习实践的效率,有效弥补道路桥梁工程专业在施工教学方面的不足和缺陷,有助于实现课程改革的目标。

BIM 模型资源库、BIM 施工模拟资源库、BIM 数字工地资源库组成的 BIM 可视化教学资源库,除了应用于道路桥梁工程专业的核心课程外,还可以广泛应用于"工程制图""道路建筑材料""公路桥梁检测技术""施工组织与概预算""项目管

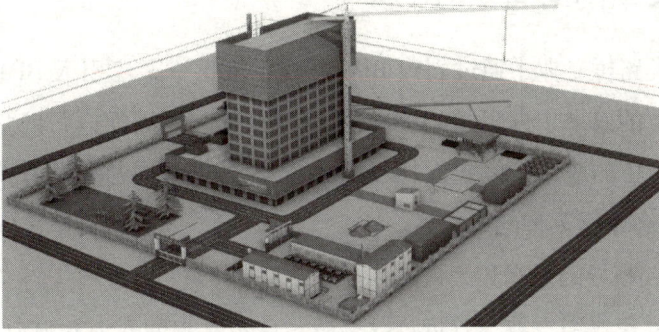

图 4   数字工地

理"等课程。在课改中积极创建和丰富具有多课程体系共性的 BIM 可视化教学资源库,在不同课程的教学中最大可能地运用 BIM 技术,实现多课程逐渐贯穿应用BIM 技术,与 BIM 的全生命周期应用、多方协同应用密切结合,可以进一步提升教学效果。

另外,BIM 可视化教学资源库的建设可以大大缓解 BIM 实训基地的建设压力,教师在教室就可以调用 BIM 可视化教学资源库内的教学资源,根据教学进度实时查看相对应的内容,不会造成教学冲突。

BIM 可视化教学资源库建设示意如图 5 所示。

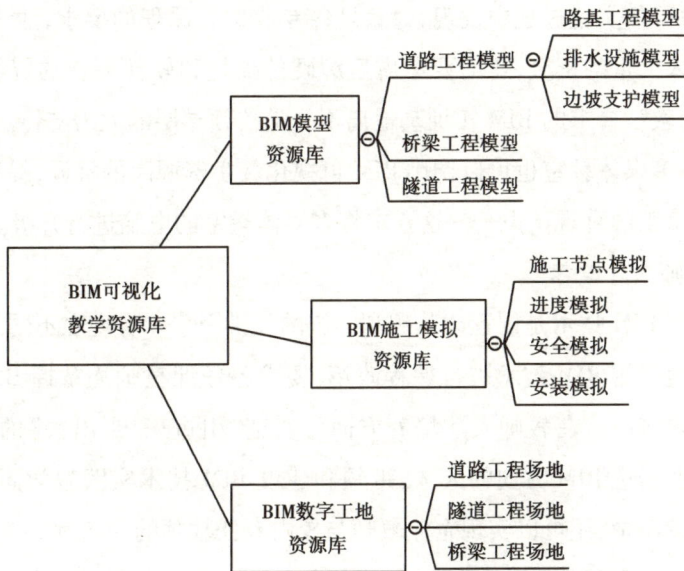

图 5   BIM 可视化教学资源库建设

四、课程改革的必备条件

在高职类路桥专业中通过创建 BIM 可视化教学资源库引入 BIM 技术对专业课程进行改革的效果十分明显,BIM 技术可以在工程全周期内帮助学生理解和掌握在实际工程中的应用。但是,在推进教学改革的过程中需要做好以下几方面的工作,才能提高课程改革的可行性。

(一)学校领导的重视和大力支持

利用 BIM 技术对专业课程进行改革需要投入大量的人力和财力,是一项长期的系统工程,需要学校领导层给予资金和制度的大力支持,这是课程改革成功的先决条件。学校领导层要深入理解 BIM 技术对整个道路桥梁领域划时代的改革意义,为教师提供培训、研讨和进修的机会,出台相关政策激励教师投入课程改革中等,支持教师进入企业进行实地调研和交流,准确把握当前时代背景下道路桥梁工程专业对人才的新需求及新要求。

(二)BIM 实训基地

合理并有效使用 BIM 可视化教学资源库,必须建立符合教学要求和实训条件的专业机房。第一,BIM 系列软件对电脑的硬件配置要求较高,因此电脑配置要符合各个软件的运行需要。第二,专业机房需要安装合适的 BIM 应用系列软件。第三,在教学改革的实施过程中发现,为满足各专业核心课程的要求,建设 BIM 实训基地需要投入大量的资金,还需要考虑后续硬件损耗和软件更新的资金投入。因此,建设符合教学要求的 BIM 实训基地离不开学校领导层的大力支持。

另外,在多媒体教室也可以调用 BIM 可视化教学资源库的资源,提高学生对各工程构造和施工的直观认识——这要求将多媒体教室的电脑进行升级。

(三)教师人才培养

教师掌握 BIM 技术是课程改革顺利实施的关键因素。实现在不同课程的教学中最大可能地运用 BIM 技术进行课程改革,要求各任课教师均掌握 BIM 技术,对教师能力要求较高。在教师人才培养方面可实施"引进来,走出去"的策略,一方面可以从企业引进 BIM 方向的人才,带领和建设 BIM 技术实践教学团队,不仅保证课程改革的质量,还可以实现企业教师与校内专任教师的交流和相互促进;同时还可以邀请企业 BIM 专家来校开展专题讲座。另一方面定期对校内专任、骨干教师进行 BIM 技术培训,使其熟练掌握一款或者几款 BIM 技术应用软件;利用寒暑假选派专任教师到工程现场锻炼,熟悉道路桥梁工程施工,积累 BIM 技术应用的实践经验,开发 BIM 技术在施工过程中的应用点;鼓励 BIM 专业教师团队进入兄弟院校开展技术交流、企业 BIM 技术服务等,这样全方位、多层次推动 BIM 师资队伍建设,才能快速建立教学水平高、实践能力强的 BIM 教学团队。

(四)校企合作

BIM 技术的应用属于大数据时代背景下的信息改革,发展速度迅猛,只有强化校企合作才能及时了解 BIM 技术最新的发展动态,开发 BIM 技术新的应用点,保证课程改革实际效果。在校企合作中,教师应主动与企业相关技术人员和管理人员保持密切合作和稳定联系,研究并解决道路桥梁工程中 BIM 应用的关键问题和重点问题,在扩大 BIM 技术运用范围的同时,与企业人员共同开发工程结构的三维模型库、BIM 软件应用操作指南和教学视频等,不断扩大和丰富道路桥梁工程专业的教学资源。

企业有较丰富的 BIM 实践经验和技术力量,因此可通过校企共建校外 BIM 教学平台,使 BIM 技术在道路桥梁工程专业课程教学中起到极大促进作用。利用企业的 BIM 技术、软硬件设备和场地优势,可以大大拓宽实践教学资源。

五、结 语

在 BIM 技术背景下,道路桥梁工程专业课程改革循序渐进地将 BIM 技术引入各专业课程中,大幅度提高教学效果,同时让学生在不同阶段、从不同角度了解 BIM 技术。但是依托中国铁路工程集团有限公司、中国铁建股份有限公司、中国交通建设股份有限公司、中国建筑集团有限公司等校企合作企业进行的企业调研结果显示,各个企业迫切需要掌握 BIM 技术的技能型人才,掌握 BIM 技术是从事道路桥梁工程施工工作的基本素质和能力,是学生高质量就业的基本保障,因此增设 BIM 技术应用课程是高职院校道路桥梁工程专业长远发展的迫切需要。

在道路桥梁工程专业开设 BIM 技术应用课程对高职院校来说是新的尝试和挑战。BIM 技术是一项新兴的信息技术,如何选择合适的学习内容、确定合理的培养目标,进而制订满足人才培养方案的课程大纲是一个更值得探讨的问题。

参考文献

[1] 彭以舟,汪芳芳.BIM 技术在道路桥梁工程实践课程中的应用[J].实验技术与管理,2017,

34(11):158-160.

[2] 崔瑶,年廷凯,陈廷国,等.日本高校土木工程专业大学生实践教学浅析[J].高等建筑教育,
2016,25(4):41-44.

[3] 高晶晶,蒋平江,曾绍武.高职高专道路桥梁工程技术专业开设 BIM 技术应用课程的探讨
[J].石家庄铁路职业技术学院学报,2016,(4):108-110.

[4] 闫磊,陈敏,程龙飞,等.基于 BIM 技术的道路桥梁与渡河工程专业实践教学体系构建[J].
科学咨询,2017(49):98.

高职院校学前教育专业人才培养"双边融园"模式探究
——以重庆传媒职业学院为例

梁庆遥

重庆传媒职业学院

摘　要:人生百年,立于幼学。学前教育作为一项重要的社会事业,是终身教育的基石。幼儿教师作为幼儿身心发展的启蒙师,其素养直接决定着学前教育质量的高低,"强国必先强教"已成为共识。重庆传媒职业学院作为铜梁区唯一一个全日制大学专科层次的幼儿教师培养基地,在三年的教学实践和专业建设中摸索出了一套学前教育专业人才培养新模式——"双边融园"模式,旨在短时间内提高学前教育专业的学生的专业技能和素质,努力实现其与正式的幼儿教师的"无缝对接"。

关键词:学前教育;人才培养;双边融园

一、问题的提出

(一)学前教育的发展为园院合作提供机遇与挑战

21 世纪以来,我国的学前教育获得长足发展,普及程度逐步得以提升。2010 年以来国家的"学前教育三年行动计划",2017 年 4 月"第三期学前教育三年行动计划"相继出台并实施,学前教育的发展迎来了真正的春天。2018 年 11 月,《中共中央国务院关于学前教育深化改革规范发展的若干意见》明确指出:到 2020 年,全国学前三年毛入园率达到 85%,普惠性幼儿园覆盖率(公办幼儿园和普惠性民办幼儿园在园幼儿占比)达到 80%。由此可见,普惠性民办幼儿园办园的规范和数量的增长为园院合作培养提供了机遇,但如何在短时间内实现高职院校学前教育专业学生与幼儿园岗位的"无缝对接"也随之成为亟待解决的重大问题。

（二）"融园模式"双边作用显著

"融园模式"是一种全新的培养模式,需要理论与实践的契合、园院的全程互动,从而引领幼教双基建设。"融园模式"依托阿坝师范高等专科学校基础教育系郑国庆教授带领的教学团队,在学习、借鉴金华职业技术学院成军教授的"走园模式"、浙江师范大学杭州幼儿师范学院秦金亮教授的"驻园模式"的基础上,经过长时间的实践探索总结出的一种幼儿教师的培养新模式。"融园模式"将幼师生培养与幼儿园融为一体,区别于单纯的"走园模式"和"驻园模式",双边性明显。作为一种双边行为,能够有效地将"走出去"和"引进来"有机结合,达到互利共赢的教学成效。

综上所述,无论是从国家层面来看,还是从高职院校及幼师生的人才培养模式来看,都需要我们切合自身的实际情况对当前园院合作的发展模式进行探究与实践,融园模式的成效发挥需尊重现实、因地制宜、整合融通、全程互动,从而实现园院合作的双边效益。

二、"双边融园"模式概况

"双边融园"是重庆传媒职业学院在"融园模式"的基础上,结合近三年的教学实践和专业建设逐步形成的全新的园院合作模式,重点突出"双边性"。"双边融园"模式依托重庆传媒职业学院学前教育专业"爱·勤·朴·创"的专业建设理念,提倡学前教育专业的学生除了在学校进行理论学习,还需不定期地到幼儿园听课、评课、观摩和参与幼儿园一日活动等;学前教育专业的教师除了在校完成自己的教育教学工作外,还要不定期地到幼儿园参与幼儿园的观摩、评课和组织幼儿园教研活动;学前教育专业的教师和学生属于高等教育体系,却又是实习、实训基地幼儿园的教师;实习、实训基地幼儿园的教师和小朋友也不定期到重庆传媒职业学院开展各类活动,实习、实训基地幼儿园的教师和小朋友也是重庆传媒职业学院学前教育专业的教师和学生。此外,重庆传媒职业学院不仅承担学前教育专业的学生的职前培养任务,而且还深入各类幼儿园,建立"一对一"在校教师的跟岗制度,承担负责幼儿园教师及园长的培训任务,实现了幼儿园与学前教育专业双边融合为一体的模式。"双边融园"作为一种双边行为,互利共赢,更加突出内在和本质,是重庆传媒职业学院力争实现高职教育与基础教育有效结合的大胆尝试。

三、操作方式(过程)

(一)学生与实习、实训基地两方面的"双边融园"

学生与实习、实训基地两方面的"双边融园"操作过程是以学期和学年为单位的。大学三年均以基础课程为主,如钢琴基础、舞蹈基础、乐理基础、美术基础等,旨在培养学生的从业基本能力。重庆传媒职业学院学前教育专业将自身的专业理念融入学生从业基本能力,并将从业基本能力分为"十二艺",分别为"能唱会跳、能弹会画、能演会讲、能说会做、能教会保、能编会创"。

大学一年级(第1、2学期)两个学期主要是打基础,注重师德师风的养成。大学一年级特别是第1学期要求学生不定期到幼儿园,实现形式以半日活动观摩为主。学生通过走进幼儿园,了解幼儿园教师的事务性和常规性工作,培养其热爱幼儿教育事业、热爱孩子的基本信念,树立正确的教师观和儿童观。第2学期,学生至少自行前往幼儿园一至两次,参与幼儿园的活动,结合所开设课程进行实践。如结合本期开设课程"学前儿童卫生学",到园观察幼儿在来园、离园、盥洗、饮食、睡眠,以及户外活动、游戏活动过程中的保健与生活护理,学习如何组织安排幼儿一日生活的各环节,协助幼儿园保育员做好卫生、安全等工作。

大学二年级(第3学期),每月不定期参与幼儿园活动(可选择幼儿园来校组织和开展户外活动或者亲子活动)1次,并按要求填写"重庆传媒职业学院学前教育教学实践手册"第12页中关于"幼儿园教育活动评析记录"的相关表格,从活动名称、活动目标(三维度)、活动过程中教师指导和幼儿表现以及活动评价等方面做出专业完整的记录。第4学期,每月每班分派学生前往实习、实训基地完成脱产的月见习,其余同学完成周见习,学习如何制订教育教学工作计划(包括周计划和日计划等),尝试完成教学活动设计、玩教具制作、幼儿活动实际组织等环节,重点学习如何设计和组织教学活动、游戏活动、生活活动,如何在幼儿生活以及各项活动中培养幼儿品德,促进幼儿全面发展。

大学三年级(第5学期),每周1次不定期到幼儿园听课、备课并参与幼儿园活动和工作。有意向地选择校外指导教师,有针对性地进行备课和听课,了解本班幼儿的家庭情况和幼儿园所在社区的基本情况,听取家长和社区对幼儿发展的意见,学会与家长沟通并组织家园联系活动,尝试根据幼儿的特点对家庭教育提出建议等。第6学期顶岗实习。

（二）高校教师与实习、实训基地的"双边融园"

高校教师与实习、实训基地的"双边融园"的具体操作过程为：重庆传媒职业学院学前教育专业每学期选派专业教师和学生到实习、实训基地幼儿园进行观摩教学活动。教学类型分为两种：学前教育专业教师与幼儿园教师共同备课、磨课，由幼儿园教师给小朋友授课，小朋友为教学对象，学前教育专业教师和学前教育专业学生为听课者、学习者；学前教育专业学生授课，小朋友为教学对象，学前教育专业教师和幼儿园教师为听课者、评课者。

重庆传媒职业学院学前教育专业每年接待实习、实训基地幼儿园来校举办"六一儿童节""亲子运动会"等近 10 次大小不一的活动。每学期不定时组织学生到幼儿园协助举办各类活动。每年组织毕业生汇报演出，邀请实习、实训基地幼儿园教师、小朋友观看并作出满意度测评。每学年组织 1~2 次学前教育专业教师到实习、实训基地参与幼儿园教研活动，包括园本课程开发、区域创设、家长工作培养、职后幼儿园教师的发展、教研教改课题申报等。学前教育专业每学期邀请幼儿园骨干教师、园长来校承担一定的课程教学任务。

四、学生活动

重庆传媒职业学院主动设计了一系列与学前教育专业能力培养密切相关的学生活动，积极配合"双边融园"模式培养热爱幼儿教育事业的幼儿教师。3 月举办"说学"比赛；4 月举办美术作品展、运动会；5 月举办全国学前教育宣传月主题班会活动；6 月举办儿童节话剧表演大赛；9 月举办幼儿园教师演讲比赛；10 月举办幼儿自编操教学展示；11 月举办学前教育专业技能大赛；12 月份毕业汇报演出。

五、效果评价

重庆传媒职业学院学前教育专业在探索"双边融园"模式对学前教育专业人才培养模式的路上加强反思与总结，教育教学质量发展较快，2017 年、2018 年连续两年获重庆市学前教育专业技能大赛奖项。2017 级第一届学前教育专业毕业生在顶岗实习中供不应求，双选会上被"一抢而空"，就业率 100%，且 99% 的毕业生从事与专业对口的职业。"双边融园"模式不仅提升了学前教育专业人才培养的水平，还给实习、实训基地搭建了平台，创造了机会。重庆传媒职业学院学前教育专业在着力建设"双边融园"模式的园校合作平台的过程中，不断深化"过程共管，责任一同，成果共享"的合作办学机制,大力推进学前教育专业建设与改革的探索和实践,以突破学前教育专业学生与幼儿教师"无缝对接"的难题。

参考文献

[1] 中共中央国务院关于学前教育深化改革规范发展的若干意见[J]. 基础教育参考,2019 (1):79.

[2] 郑国庆.学前教育专业人才培养"融园模式"探析[J].经济研究导刊,2014(12):233-234.

[3] 王剑,宋建军.园院合作产教融合与高职院校人才培养模式改革的路径探索[J].常州信息 职业技术学院学报,2016,15(3)37-39.

[4] 张晗,李悠.园院合作培养"双师型"教师的策略研究——以高职学前教育为例[J].中国成 人教育,2014(2):97-99.

[5] 吴伟俊.高职院校学前教育专业"双师型"师资队伍建设初探——以武汉城市职业学院为例 [J].职教论坛,2012(1):13-15.

[6] 米庆华.基于"融园模式"的实践教学体系构建与实施——以阿坝师专学前教育专业为例 [J].长春教育学院学报,2015,31(8):64-67.

[7] 邓汉平.藏羌民族地区学前教育专业人才培养模式理论与实践探索——兼论"融园模式"的 理论设计与现实困境[J].亚太教育,2016(24):264-265.

人工智能时代高职院校会计专业人才培养模式改革与实践

郭永林　金　贤

重庆交通职业学院

摘　要:大数据、云计算以及人工智能等新兴技术快速发展,财务人员压力剧增。传统会计专业人才培养模式改革非常迫切。本文立足于 C 职业学院,探索人工智能时代高职院校会计专业人才培养模式改革以及实践。研究发现,人工智能时代,会计专业人才培养应适应学生学习习惯,提升教师信息化教学技术,注重学生信息技术培养,推进财务会计向管理会计转变,加强校企合作,建立学生综合考核评价体系。

关键词:人工智能;会计专业;人才培养模式

一、引　言

人工智能在财务领域中的运用,使传统会计工作受到诸多冲击,传统会计专业人才培养模式急需改革,以培养技术技能型人才为己任的高职院校尤其需要改革。本文立足于 C 职业学院,探索人工智能时代高职院校会计专业人才培养模式改革以及实践。

本文创新之处在于,不仅从理论层面阐述人工智能时代高职院校会计专业人才培养模式的改革方向,而且对 C 职业学院 2016 级会计专业学生进行调查,从而分析人工智能时代会计专业人才培养模式在 C 职业学院会计专业的实践成果。

二、人工智能对会计行业的影响

区块链、大数据、人工智能及财务共享服务中心在会计领域的运用,对会计转型升级有深远影响。

(一)新兴技术运用

区块链技术的运用,使多边记账模式转变为统一总账记账模式成为可能,实现多方共享一套记账系统,而且无须对账,节约人力、物力、财力。大数据时代,企业财务人员在传统职能之外,需对各类信息进行筛选和跟踪,需提升自身信息判断、选择和分析能力,为管理者提供信息支持。财务机器人具备超高工作效率,可以节省大量人力资源和财务成本,并且可以避免人工差错。余应敏和王彩淋认为,未来,人工智能必将在会计领域得到广泛运用,必然会给财务工作人员带来挑战,包括财务人员需求量的下降。财务共享服务中心可以瞬间完成电子单据、票据的自动流转、分派,对业务的财务监督力度和水平得以大幅度提升。

(二)促进会计转型

人工智能时代,企业会计必将实现从财务会计向管理会计的转变。转变后,企业会计只需用较少时间处理账务核算及报表,而用更多时间从事风险管理和控制、决策支持。在我国人才培养中,重财务会计培养,轻管理会计培养,企业对管理会计人才日益迫切的需求没有得到满足。

三、当前高职院校会计专业人才培养模式存在的问题

(一)人才培养脱离社会需求

当前,我国高职院校会计教学重视会计核算能力训练,轻视管理会计思维、综合能力培养。此外,人工智能时代,会计人才不仅要掌握会计专业知识,而且要了解大数据、云计算、人工智能等网络应用知识,但是,当前高职院校会计专业缺乏信息化方面课程。鉴于以上两方面原因,会计专业学生不能适应人工智能时代企业的高标准、严要求。

(二)教师教学手段落后

当前,高职院校会计专业仍然使用相对落后的教学手段,不能合理运用计算机、互联网等信息化教学手段,学生没有受到信息化环境的熏陶;教师教学仍以课堂讲授理论知识、课后布置作业为主要模式,单纯讲解式的课堂授课效果不容乐观,学生缺乏体验式的互动学习,学生学习兴趣不高,自主学习能力以及自主思考能力不能得到有效发展。

(三)缺乏科学的考核评价体系

当前的考核评价体系考核手段单一,校内考核主要以学生提交的记账凭证、账簿、报表等是否正确来评价学生能力,或以试卷方式考核。这种单一考核评价体系,无法考核学生信息技术环境下的会计操作能力、自主学习能力、团队合作能力、

知识运用能力等综合能力。这种单一考核方式,未能体现出学生的综合能力。

四、人工智能时代高职院校会计专业人才培养目标

人工智能时代,会计工作发生诸多变革,必将影响社会对会计人才的要求,更进一步影响高职院校会计专业人才的培养目标,高职教育目标不仅要使学生适应当前的岗位、工种或职业所包含的技术要求,而且,还要使学生适应技术发展的趋势,用明天的技术来武装今天的劳动者。

人工智能时代,高职院校会计专业人才培养的目标为:满足社会主义市场经济需要,面向会计工作一线岗位,具备较高职业道德以及人文素养,掌握基本会计信息技术,熟练运用财务软件,具备管理会计思维、务实创新精神和终身学习能力。

五、会计专业人才培养模式改革与实践

针对人工智能时代高职院校会计专业人才培养模式存在的问题以及人才培养目标,C 职业学院会计专业积极探索适应人工智能时代会计专业人才培养模式的改革方式,并且付诸实践。

(一)适应人工智能时代学生学习习惯

随着国人越来越广泛地使用互联网,学生的学习习惯深受互联网的影响,对 C 职业学院会计专业 2016 级学生的调查显示,于高中或者更早开始每天接触互联网的学生占比 84.39%,学生对互联网兴趣浓厚;此外,学生擅长多源头、快速度接受信息,但是不易集中注意力;学生学习需求发生巨大变化,希望学习进度灵活,能够高频利用移动终端以及信息技术。据统计,2016 级会计专业平均每天利用互联网学习 1 小时及以上的学生占比 28.78%。

针对学生学习习惯的改变,应当推广"互联网+"教育。有学者认为,推广"互联网+"教育,可以促进我国教育理念革新,使学生成为学习主体,对我国建构学习型社会有着"加速器"作用。

C 职业学院会计专业相应选修课采取线上教学模式,不仅可以提高学生学习兴趣,而且可以提高学生利用碎片化时间学习的能力。

(二)提升教师信息化教学技术

人工智能时代,出现了微课、慕课等教学手段,学生学习不再拘泥于课堂,可随时随地利用碎片化时间学习,突破了时间和空间的限制。

针对上述改变,C 职业学院会计专业按期组织信息化教学培训,帮助教师转变教学观念。会计专业教师在努力提升信息化素质的同时,积极采取创新模式教学,充分发挥互联网对传统课堂的支撑作用。例如,在会计课堂中,利用翻转校园 App 进行教学管理,在课前课后利用网络直播进行师生互动,利用习柚 App 对顶岗实习进行远程指导。

(三)注重学生信息技术培养

人工智能时代,企业会计工作大量运用会计软件。所以,高职院校应当重视学生会计信息技术的学习。此外,会计专业学生应当具备运用信息技术手段处理信息的技能。学生能够准确、快速地收集各种相关信息,能够客观评价和有效利用信息,并能对信息进行深度加工,为开展会计工作提供信息支持。

表 1   会计专业 2016 级学生会计信息技术相关课程信息

课程	课时
计算机网络技术	48
计算机应用	64
数据库应用基础	54
会计电算化	54
会计管理信息系统	72
管理信息系统	52
办公自动化	18
ERP 原理及应用	36
Excel 在财务会计中的应用	36
电子商务基础	36

数据来源:C 职业学院教务管理系统。

根据表 1,C 职业学院会计专业 2016 级学生信息技术相关课程共计 470 课时,通过大量学习信息技术相关课程,会计专业学生的职业素质和信息素质得到较大提高。据统计,2016 级学生信息技术相关科目成绩达到良好的占 54.19%。此外,会计专业日益重视学生信息技术的培养,例如,2017 级、2018 级学生增设大数据挖掘与分析课程。在日常教学之外,每年举办校级会计信息化技能大赛,鼓励学生参加全国会计信息化技能大赛,促进学生会计信息化技能的提高。

（四）从财务会计向管理会计转变

人工智能时代,企业会计职能逐渐从财务会计转变为管理会计,管理会计人才为企业经营决策出谋划策。因此,高职院校会计专业人才培养必须从技术导向型转向管理导向型,突破原有会计学科的狭隘视野,改进已有的课程体系,改变现行偏重于财务会计的会计教学内容体系,大力发展管理会计。此外,会计专业应当重视培养学生与管理会计相适应的职业素养,培养学生高尚的职业道德、良好的沟通能力和团队协作精神。

C 职业学院会计专业不断突出和强化管理会计在会计教学体系中的地位,在日常教学之外,通过 ERP 沙盘模拟赛形式,小组模拟公司经营,学生管理会计思维得到较大加强,沟通能力、团队协作能力等职业素养得到较大提高。

（五）加强校企合作

2016 年 3 月,德勤会计师事务所首先于会计工作中引入财务机器人,之后,普华永道、安永、毕马威亦引入"财务机器人"软件,国内金蝶、用友软件等也相继发布"云服务财务机器人"。高职院校会计专业应当加强与此类企业合作,运用此类企业提供的资源开展教学,使培养的学生能够更好地满足社会需求。

（六）建立学生综合考核评价体系

人工智能时代,高职院校会计专业应善用互联网工具,建立学生综合考核评价体系。首先,应当在考核主体上做到多层次,结合教师评价、小组互评和学生自评,每个考核主体占有一定权重。其次,应当在考核内容上做到全方位,不仅考核任务完成结果,而且考核职业道德、学习能力、沟通能力、团队协作能力等职业素养。

C 职业学院会计专业通过人才培养模式的改革与实践,成果突出。据调查,C 职业学院会计专业 2016 级毕业生就业率高达 98.03%,其中,9.36% 成功专升本,45.32% 从事财务相关工作,培养的人才能够满足社会需求。

六、结论与启示

本文立足于 C 职业学院会计专业,探索人工智能时代高职院校会计专业人才培养模式改革与实践。研究发现,人工智能时代,会计专业人才培养应当适应学生学习习惯,提升教师信息化教学技术,注重学生信息技术培养,推进财务会计向管理会计转变,加强校企合作,建立学生综合考核评价体系。

参考文献

[1] 白硕.区块链技术及其应用[J].债券,2018(5):81-85.

[2] 蔡立新,王垒垒.云会计服务的现实需求、功能定位与实施路径[J].财会月刊,2016(19):20-25.

[3] 刘恺琳,徐桐,张婉姝,等.人工智能趋势下高校会计人才培养模式的创新与改革[J].现代信息科技,2019,3(7):172-174.

[4] 杨玉雪.大数据时代对会计和审计的影响[J].中国商论,2019(9):177-178.

[5] 余应敏,王彩淋.财务机器人对会计行业的影响及其应对策略[J].会计之友,2018(7):54-56.

[6] 许金叶.管理会计[M].北京:清华大学出版社,2012.

[7] 张林,丁鑫,谷丰."互联网+"时代会计改革与发展——中国会计学会2015年学术年会观点综述[J].会计研究,2015(8):93-95.

建筑业信息化背景下的人才培养模式改革
——基于 BIM 技术的高职土建类专业人才培养模式的探索

彭丽莉　李　益　何　青

重庆建筑科技职业学院

摘　要:本文通过分析国内 BIM 人才培养现状,结合民办高职高专的培养模式,从课程设置、教学环境、师资建设、应用水平考核评价机制及企业定制化人才培养等方面出发,就 BIM 融入土木建筑类专业建设的改革作出探索。

关键词:BIM 技术;人才培养;课程设置;师资建设;企业定制化人才培养

随着建筑工程项目信息化不断加强,BIM 技术在建筑行业逐渐推广。国内本科院校 BIM 人才培养已形成以 BIM 基础教学、BIM 研发中心和 BIM 竞赛等方式为主的人才培养模式,但在高职高专院校却还没有形成比较系统、完善的 BIM 人才培养方案。目前 BIM 在高职院校的实施仍然存在一些问题,比如课题体系滞后、师资方面短缺、BIM 实训室不成熟,需要采取必要的措施,进行专业设置方面的调整,以紧跟产业调整步伐,推动 BIM 技术在建筑行业的发展与应用。

一、修订人才培养方案

建筑行业的信息化发展既是必然趋势,又是行业发展的需求,已经迫使土木建筑类高校将原有的人才培养模式和课程体系以及教材进行革新。想要培养出能够适应现代建筑行业的 BIM 应用型技术人才,就必须对行业和企业进行深入调研分析,重新定位人才培养目标,将原来的学科体系打破,重新整合并优化课程,修订人才培养计划,把 BIM 技术融入人才培养大纲和课程中。

BIM 技术系统庞大,内容涉及土木建筑相关各专业,但基本可以梳理为三个部分:基本概念与软件操作(建模)、专业应用(模型信息化)、综合应用(各相关专业配合)。在修订人才培养模式和课程体系时,可建立以建筑设计、建筑工程技术、建筑设备、工程造价、建筑工程管理为核心的土木大类专业群,基本概念与软件操作可以归属于专业平台课,BIM 专业应用归属于各专业核心课,BIM 综合应用归属于土木建筑专业群的联合设计课程,以虚拟项目来关联各个相关专业。在专业群的统领下,BIM 课程的学习既可专注于各专业的应用领域,又可保持各专业的相关性和延续性,这种人才培养模式可以满足 BIM 技术培养目标和培养深度的要求。

二、将 BIM 技术纳入现有课程体系

BIM 课程体系的构建过程中,学生的专业知识扎实,BIM 基础知识以及软件操控能力强,才能实现 BIM 课程与专业知识的融合。因此,BIM 课程内容、课时量和开设时间规划具有科学性和稳定性,从而实现课程与课程之间的衔接与融合。开设 BIM 课程,并且将 BIM 课程模块分别放到土建类相关专业,应根据行业企业对设计师、施工员、预算员、现场监理的新要求,引入行业企业新标准、BIM 技术规范,立足专业应用,在建筑识图、设计与制图、建筑材料、项目管理、工程造价、建筑施工技术等相关课程中,加大内容投入,使 BIM 的课程建设与行业需求无缝对接。

1. 建筑识图

将 BIM 技术应用到建筑识图课程中,借助三维可视化的 3D 模型,学生不仅能加深对设计图纸的理解,也能模拟完成图纸会审,同时借助 BIM 技术很快找出问题、及时解决设计缺陷。

2. 建筑设计与制图

BIM 为建筑设计与制图提供了极大的方便,突破了 CAD 的建筑构思局限,它以可视化形式进行三维建模构思,不仅可以看到设计效果,还含有建筑构件的大小、位置和颜色等信息,不同构件间都有交流性及回馈性。在全部设计中都可以直接看到,不但可以用效果图展示平面、立面、剖面图纸的形成,更重要的是,在项目的设计、创建、运行过程中,问题的出现、讨论、解决都是在可视的情况下进行的。

3. 建筑设备

通暖、给排水、消防、强弱电等专业工程由于受工作场地、专业配合、技术差异等因素的影响,有许多不可预知的问题,给后期的安装和施工工程带来很多困难。通过 BIM 的可见性,可以完成管道和线路配合管理,也可以进行多种专业的互相检查及准确的提前保留,可以大幅度地提升学生的综合实践能力。

4.建筑施工技术

建筑施工技术课程可以让学生了解施工过程、学习施工工作原理及施工技术。通过 BIM 软件,建筑施工课程能在一定程度上进行施工环境模拟。利用 BIM 的 4D 模型进行虚拟建造,对施工过程进行预模拟,可以直接提供建筑有关各方的沟通调整、施工组织及工作进度的模拟。

5.建筑工程计量计价

资源及成本计划控制是建筑工程计量计价的重要组成部分,学生利用建筑信息模型,进行虚拟建造的同时对施工阶段产生的人工、材料、机械等需求量进行统计,从而建立资源需求量的计划。在施工过程中,分析材料消耗、机械结算,以及劳务分包的实际支出,进而对实际成本、预算成本等进行核算,有针对性地采取措施,减少不必要的消耗,进而节省支出。

6.各专业课程设计、毕业设计

课程设计和毕业设计在土建类各专业的教学过程中占有重要地位,课程设计的过程中会涉及较多的本专业和相关专业课程,而毕业设计是大学阶段最后、最重要的环节,通过课程设计、毕业设计可使学生专业综合能力得到提升。因此,将 BIM 技术与课程设计以及毕业设计相融合,能使学生具备更扎实的专业能力和 BIM 技术,提高其就业能力。目前,较多土建类专业齐全的高校都在尝试基于 BIM 技术的联合毕业设计,以期建立专业之间的良好协作。

此外,BIM 技术系统庞大、内容丰富,但高校教学课程总学时有限,无法完全涵盖,因此建议以打造"金课"的形式,教学团队录制系列视频课程,以在线课程的方式巩固教学效果。

三、师资和教学环境要适应 BIM 课程要求

1.BIM 师资队伍建设

好的教学改革构想必须要由好的教师来实现。BIM 人才培养模式和课程体系的建立,需要好的师资队伍作保障。要想将学生培养成真正的 BIM 技术应用型人才,授课教师必须掌握相关的 BIM 技术:不仅要精通软件知识,还要熟知专业知识,有相关的工程经验。这就要求学校在教师不断加强自身职业能力时组织教师积极参加与 BIM 相关的培训和讲座,组织教师申报教研、科研项目,参与实际工程项目,

努力构建一支理论和技术双过硬的教研团队。这样才能更好地为 BIM 人才培养服务。

2. 实习实训基地建设

高职高专人才培养的核心特色就是实训。通过学校和企业的合作,在实习基地让学生接触具体工程项目,把书本中学到的理论知识通过实践融会贯通,既可以为企业注入新的活力,又可以提升学生的专业水平,使其成长为应用型人才。因此,加强 BIM 校内外实训基地的建设,有助于高职院校 BIM 应用人才的培养。

四、建立 BIM 应用水平考核评价机制(1+X 证书介绍)

为推动建筑行业信息化发展,并结合国家高职教育中的"1+X"证书制度试点工作,土木建筑类专业建设可将 BIM 应用水平考核纳入职业技能等级证书制度。这样不仅能清楚学生的学习内容和行业需求之间的差距,也能激发学生的求知欲,真正培养产、学、研、用相结合的 BIM 应用人才。

五、企业定制化 BIM 人才培养

校企合作是培养人才最有效的途径之一,也是提高职业教育和行业契合度的途径之一。校企合作既可以迎合企业的真实需求,又可以为学生提供最先进、最精准的建筑信息化知识和技能,完成教学和就业的无缝对接,提升学生的就业竞争力和升职潜力。高职院校可根据企业要求设置"订单班",定向培育企业急需的人才,完成从学校到企业的顺利过渡,真正体现职业教育的优势。

六、结　语

随着建筑信息化的不断发展,BIM 技术在建筑行业逐渐推广。为更快更好地适应行业的发展需求,土木建筑类专业的人才培养应该进行相应的改革,结合专业自身特色,合理进行课程设置,逐步融入 BIM 相关课程,完善 BIM 学习环境与师资条件,培养出满足行业需要的新型专业人才,在竞争中站稳脚跟。

参考文献

[1] 李建成.适应 BIM 时代的建筑教育对策[J].西部人居环境学刊,2014(6):1-5

[2] 邱兰.BIM 大背景下高职院校土建类专业教学改革探析[J].教育教学论坛,2016(28):

135-137.

[3] 练兰英.李浩如,刘加东,等.高校 BIM 应用型人才的培养与教学探索[J].产业与科技论坛, 2017,16(19):217-218.

[4] 武斌. BIM 技术导向下的新型校企合作模式研究[J].黑龙江科技信息,2016(12):282.

[5] 何关培. BIM 究竟是什么?[J].土木建筑工程信息技术,2010,2(3):111-117.

混合式课堂教学设计
——以物联网实训课程为例

夏先玉　　尹舒冉　　唐偲祺　　何志红　　张运来

重庆建筑科技职业学院

摘　要:混合式教学的核心是围绕学生的学习特点,将学习的时间、空间进行拓展,极大地提升教学效率和质量。开展混合式教学是高职院校进行"金课"建设的有效途径。本文以物联网实训课程为例,详细深入地探讨了如何进行混合式教学的教学组织和安排:从课程整体内容重构设计开始,按照工作任务阶段对学习内容进行重构和整合,同时,对课前、课中和课后的教学组织进行详细的设计。本文还对课程考核的线上组织方式进行了思考和分析,提出利用多种线上平台提高学生的学习积极性和展示积极性,通过线上平台进行过程性考核,辅助学生在学习过程中进行反复回顾和总结。本文对混合式教学进行了深入探索,也对"金课"的建设进行了积极的思考。

关键词:混合式教学;金课;物联网

物联网实训课程作为实践性教学课程,非常适合采用混合式教学模式,通过线上自学与线下答疑和辅导,有效提高学习兴趣和学习效果。本文以物联网实训课程为例,介绍混合式教学的教学组织和设计思路。

一、重构教学内容体系

在开展混合式教学之前,首先要对教学内容体系进行重构,让课程结构更加优化和适合混合式教学。本文针对物联网实训课程进行分析和重构(图1),按照课程工作任务的过程和逻辑,对该课程教学体系重新进行梳理和整合,更加明确教学逻辑和学习任务,为混合式教学提供实施依据,并根据对选定的物联网实训工作任务的梳理和分析,提炼出物联网实训课程的工作环节和学习阶段分布,以便后续各个阶段性课程内容的选择和混合式课堂教学组织的实施。

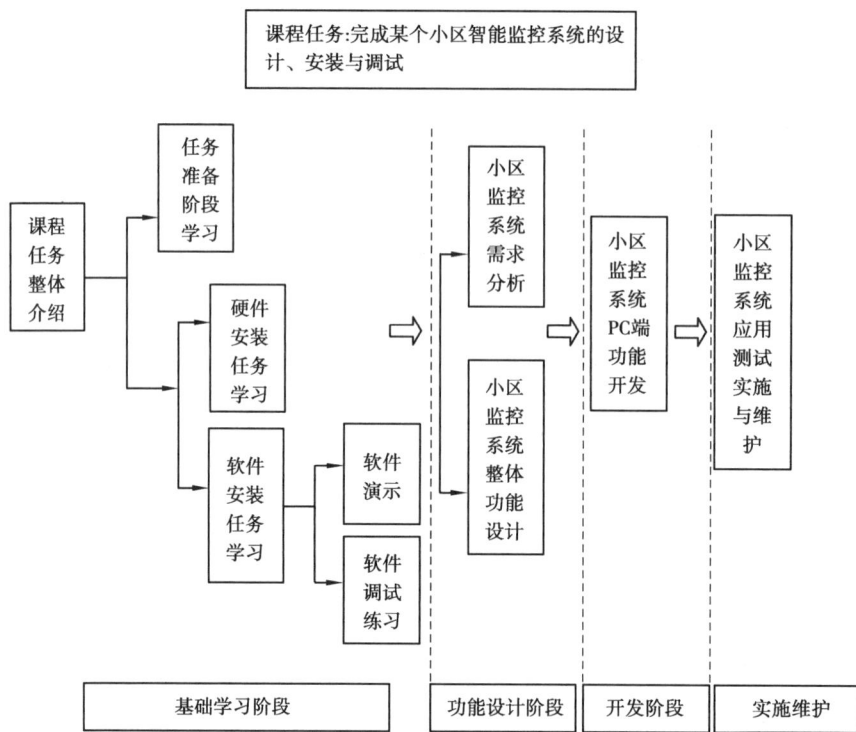

图1 课程结构重构图

二、开展线上课前辅导

　　课前准备阶段:对于传统的线下教学,课前准备阶段主要是要求学生复习和预习,教师提前准备好教学要用到的资料;对于线上线下混合式教学,课前准备就要求得更多、更丰富一些。线上线下混合式教学,要求学生提前通过线上学习平台,完成相关知识点的巩固和复习,完成在线测评。测评结果作为教师设计课程教学的基础和依据。学生在完成测评以后,可以及时查看测评结果,对没有掌握的内容可以点击相关复习视频,进行学习巩固。完成复习以后,学生需要通过线上学习平台,对下次课要学习的内容进行预习:主要通过教师上传的学习视频了解要学习的内容。

　　物联网实训课程的预习视频,是以工作任务的整体介绍视频为主。学生通过预习视频,可全面了解接下来的工作任务是什么,有哪些工作环节和流程,并了解需要掌握的知识点和技能点有哪些。预习以后,学生需要在线提交预习测评表,预习测评表主要测评学生对将要学习的工作任务有什么疑惑,掌握学生的兴趣点,为之后的教学设计提供依据。

　　一般而言,教师需在开始新的学习的前两天,通过在线学习平台发布课前准备任务。同时,通过微信、QQ 平台进行课程内容预告,发布生动有趣的课程学习海报,为学生制造学习氛围,促使学生主动进行复习和预习。除了进行在线资源的准备以外,教师还需根据教学安排,提前准备好线下教学需要用到的软件、设备和耗材。从教学实施结果来看,在线学习平台辅以微信群或者 QQ 群等社交工具,能极大地满足在线教学的学习和沟通需求,同时也可以借助抖音等短视频平台建立学生作品视频的发布、评价、互动渠道,这样可以极大地激发学生的参与积极性和学习热情。

　　通过课前学习,学生可以对相对简单的内容进行自学,并进行相关检测。教师根据学生的自学情况和检测结果,更新学生的学情,并有针对性地设计线下教学的内容。

　　需要提前准备的资源有:复习题、复习讲解视频、工作任务的整体介绍视频、预习测评表、软件、设备和耗材。

三、组织线下互动答疑

　　教学实施阶段:由于前期使用了在线学习平台进行复习,学生也通过在线平台观看视频,了解到本次课的整体学习内容,因此,教师不需要再花时间在课堂上引导学生进行回顾和介绍课程内容。教师只需要将学生完成复习题的情况统计表和预习测评表的统计结果展示出来,针对突出问题,进行互动答疑。所以,混合式教学课堂实施阶段的第一个环节是有针对性地学习数据分析和答疑。

　　教师带领学生完成课前准备以后,就开始进入具体的教学实施阶段。这个阶段主要是线下互动教学,主要针对预习过程中学生普遍反映没看懂的、不会做的一些具体操作环节进行重点讲解,教师演示,学生操作,教师对学生有疑问的地方进行答疑和一对一的指导。这样的课题组织就有效地解决了传统课堂教学中,教师要讲授所有的教学内容导致时间不够用的问题。混合式教学过程中,线下教学集中对学生不会的难点进行讲解,针对学生问题较多的地方进行重点答疑,极大地提高了教学实施过程的有效性,将原来讲解简单知识的时间用于线下一对一答疑,指导难点。为了提高学生学习的积极性和兴趣,线下教学需要设计学生展示环节,开展学生技术交流和互评,让学生充分享受课堂主导地位。教师成为答疑者和学习情况的记录人。在学生实际操作过程中,教师录制学生的课堂实操视频,记录学生的学习情况。

教学实施重点:互动答疑,一对一指导,学生学习交流,教师观察和记录学生课堂表现。

四、实施课后线上复习

课后复习阶段:每次课结束后,通过线上学习平台,发布操作熟练的和有代表性错误的学生的课堂实操视频,并就错误操作进行点评。课后,学生通过线上学习平台观看课堂视频,回顾课堂学习中的相关操作,并对有代表性错误的视频进行学习,反思自己在实操过程中出现的问题。通过线上的形式开展课后回顾和复习,而且还是学生自己看自己的课堂表现,学生能主动地观看视频,向操作正确的同学学习,对自己出现的错误操作进行改正,极大地提高和增强了学生学习的积极性和自觉性。这样的课后回顾效果远远超过了传统课堂的课后总结,让学生成为课后复习和回顾的主体,极大地激发了学生的竞争意识和学习意识。

课后复习重点:选取相关视频(实操正确的视频和有代表性错误的视频)若干段。在线上学习平台发表的视频需配有教师的讲解。

五、推进线上互助答疑

互助答疑阶段:学生在进行课后回顾以后,依然会有一些操作性问题。这时就可通过微信群或者QQ群等,以在线文档的形式发布问题,进行互助答疑。在线文档支持多人同时在线编辑。有问题的同学可以把问题列出来,其他同学可以回答。对回答得好的同学,可进行加分。如果遇到全班同学都无法回答的问题,就由教师回答。这样的在线互助答疑环节,可有效调动学生的学习热情,让学生真正成为学习的主体。

互助答疑重点:教师要关注学生的提问,采集学生关注的热点问题,为后续教学设计提供依据。

六、鼓励线上展示成果

考核评价阶段:考核的目的是检测学生的学习情况,学生需通过考核提高专业技能。但是传统的课程考核评价,往往是期末的一次性测试。即便有过程性考核,也由于缺乏记录和对比而失去考核的作用,学生往往不知道自己的短板,没有办法从考核中获得具有参考价值和指导意义的信息。而线上线下混合式教学,可以利用线上资源的记录功能,保存学生考试试卷和实操视频,让学生能在考核后回顾自己的操作过程和学习成果,根据考核标准修改自己的操作方法,提高专业技能。通过线上阶段性考核方式,真正实现学生阶段性能力的不断回顾、总结、评价和提升,提高学生的学习质量。

同时,为了提高学生的学习兴趣和课堂参与度,线上考核可以多元化地进行,例如平时的阶段性考核,可以让各小组学生完成一项技能实践后以短视频的方式在短视频社交平台进行发布,展示学习成果,其他小组的同学则可以通过该平台进行评论。在最后的期末考核中,则可以通过现场答辩的方式,以班级为单位进行集中展示和交流,并直播答辩现场,让学生充分进行相互学习和评价。这种多样化的考核组织形式,在实践过程中,极大地调动了学习的主动性和积极性,学生参与热情很高。

考核评价的重点:记录学生的考核情况,反馈学生的技能短板。为学生提高技能提供信息化数据参考。

采用混合式教学可以极大地提高教师课堂教学的针对性,同时也有助于拓展学生的学习空间,高效利用学生的碎片化时间,通过线上教学的形式,将简单的教学内容消化在课堂之外。线下课堂主要针对学生学习过程中的难点、疑点和兴趣点进行教学,这样可以极大地提高学生的学习效率,减少"水课"的产生。

参考文献

[1] 薛茜. 高校金课建设面临的问题及应对措施[J]. 中国教育技术装备,2019(20):64-66.

[2] 乐坤,俞婷婷,刘晨. 线上线下混合的医学遗传学"金课"建设路径初探[J]. 基础医学教育, 2019,21(11):891-893.

[3] 吴岩. 建设中国"金课"[J]. 中国大学教学,2018(12):4-9.

课题来源: 重庆市高等教育教学改革研究项目资助项目(项目编号:193470)

"1＋X"证书制度下高职空中乘务人才培养改革研究

蒋海蓉　张　鹏

重庆海联职业技术学院

摘　要:随着民航业的迅猛发展,民航业对空中乘务人才的需求越来越大,对空中乘务专业人才质量的要求也越来越高。在此背景下,本文通过"1＋X"证书制度下空中乘务专业人才培养模式改革的研究,分析了目前高职院校空中乘务专业的人才培养存在的问题,并提出基于"1＋X"证书制度下空中乘务专业人才培养改革方案,同时,为高职院校空中乘务专业落实"1＋X"证书制度提供可参考和可借鉴的经验。

关键词:"1＋X"证书制度;空中乘务;人才培养改革

一、引　言

随着我国经济社会的发展,我国的民航业迎来了迅猛发展。目前,我国正处于"民航大国"向"民航强国"的转变过程中,航空公司运量的增长、机场吞吐量的扩容、民营航空公司的进入,都带来了对人才的需求。据统计,到2020年,我国民用飞机总量将增至4 600架,空中乘务人员(含空警和安保人员)的需求在30万人左右。随着民航战略地位的提升及民航业规模的扩大,国家和民众对民航服务水平和质量的要求不断提高,民航企业对空中乘务人才的要求也越来越高,空中乘务人才的需求也渐渐由"专业型"向"综合型"转变,这给为民航业提供优质空中乘务专业人才的高职院校的人才培养方案提出了新的要求和挑战。2019年2月,国务院印发了《国家职业教育改革实施方案》(以下简称《方案》)。《方案》提出,从2019年开始,在高职院校、应用型本科型院校启动"学历证书＋职业技能等级证书"制度(以下简称"1＋X"证书制度)试点工作。"1＋X"证书制度的实施无疑为高职院校的发展和人才培养方式指明了方向、提供了可行的解决方案,也给空中乘务专业的人才培养模式改革开出一剂良方,提供了一个具有可操作性的措施。在此背景下,本文通过对"1+X"证书制度下空中乘务专业人才培养模式的改革的研究,试图为空中乘务人才培养改革探索一些可行的方法和举措,同时也为高职院校空中乘务专业落实"1+X"证书制度提供可参考和借鉴的经验。

二、"1+X"证书制度的含义

《方案》指出职业教育是类型教育,并为这一类型教育设计了"学历证书+职业技能等级证书"制度(即"1+X"证书制度)。"1+X"证书制度是教育制度,也是就业制度。它在"双证书"制度的基础上,对证书的基本概念、功能定位、开发建设主体、运行机制、管理模式进行了全新设计。"1"是指学历证书,"X"是指代表某种技术技能的水平证书,不同的专业对应不同的证书,这些证书是职业院校毕业生、社会成员进入某个领域掌握某项职业技能、能胜任某个工作岗位的凭证。职业院校学生在完成本专业的学习实践并通过相应的考核后,不仅可以获得学历证书,还可以获得与专业或行业岗位需求相匹配的初级、中级、高级职业技能等级证书。实施"1+X"证书制度,是优化资源配置、深化校企合作、促进"双师型"师资队伍建设、促进复合型技术技能人才培养模式改革、提高人才培养质量、拓宽学生就业创业渠道、缓解结构性就业矛盾的重要举措,能有效地解决"学岗脱节""课证难以融通"的困境,对推进教育现代化、建设人力资源强国具有重要意义。

三、空中乘务人才培养现状

2007年,空中乘务专业作为新兴学科被国家教育部增加到了学科编制目录中,经过10余年的发展,该专业在培养模式、专业建设、培养质量上均取得了可喜可贺的成绩,为我国从"民航大国"向"民航强国"的转型提供了有力的人才支撑和保障。随着时代的发展和科学技术的进步,民航业对人才的要求也越来越"苛刻",空中乘务专业毕业的学生,除了要具备空乘行业的基础知识外,还要具备良好的沟通交流能力、团队协作能力、综合服务能力、岗位应变能力和自我知识更新能力等。这对高职院校空中乘务专业的"惯性培养"模式提出了不小的挑战。因此,研究空中乘务专业人才培养中存在的问题,推进高职院校空中乘务专业人才培养改革,提升空中乘务专业的人才培养质量,变得尤为紧迫和重要。

(一)课程体系与企业标准脱节

课程体系是人才培养的基础。基础不牢,地动山摇。通过对数十所高职院校空中乘务专业课程设置的调研发现,大多数高职院校在设置课程时,将学校现有的教育教学实际能力和办学特色作为考虑的重点,很少参考或依据企业的用人标准,民航企业的现实要求和职业特征也没能完全得到体现。这就造成了学生在课堂上所学知识与民航企业用人标准不对标,课堂所学的知识技能与现实需求存在一定差距,学"不"致用。

(二)职业能力与岗位能力脱节

一直以来,"无缝对接"的培养模式是高职院校人才培养实践和努力的方向,空中乘务专业人才培养亦是如此。一般而言,空中乘务专业主要是面向民航业空中和地面服务岗位,培养从事空中乘务、空中保安、民航地面服务、礼仪服务、商旅服务等方面的专业人才。理论上讲,学生在进行"2+1"或"2.5+0.5"的学习实践后,应该具备岗位所要求的职业能力,能顺利走上并胜任对口岗位的工作。然而,事实并非如此,民航企业从高职院校招聘的空中乘务人员不能直接上岗,还需要经过3~6个月的"回炉再造"并考核合格后才能上岗工作。由此可见,即使通过专业的学习实践,学生的职业能力仍然与企业的岗位要求存在一定的差距,需要进一步加强和提升。

(三)师资建设与培养要求脱节

俗话说得好:"兵熊熊一个,将熊熊一窝。"拥有一支优秀的"双师型"师资队伍是培养优秀人才的基础和保障,师资队伍的教学水平在很大程度上决定了专业人才培养的成果。众所周知,大多数高职院校把师资队伍建设作为专业建设的重要举措,人力资源部门通过各种途径和方法来招揽、挖掘支撑专业建设和发展的人才。总体而言,大家的做法可归纳为三种:一是从民航院校招聘空中乘务专业的应届毕业生,他们经过系统的学习,虽然有非常全面的专业知识,但是由于没有从业经历,因此,其岗位实践经验和能力比较欠缺。二是从航空公司或民航企业招聘退役的空中乘务人员,这类人员有着非常丰富的岗位实践经验,但由于航空公司的空中乘务人员来源渠道较为广泛,很多空中乘务人员在入职前并未系统学习空中乘务知识和技能,因此,他们的专业理论知识比较缺乏。三是通过选拔优秀的非民航专业的在岗教师,经过短期的知识培训和跟岗学习,让他们具备专业教学的知识和能力。虽然在短期内可以胜任专业的教学任务,但这部分人员的专业知识是经过"快餐式"的培训得到的,因此,其专业知识不扎实,知识的学习和传授多浮于表面,缺乏深度,有形无实。总之,不管是招聘,还是通过"短培改造"所形成的师资队伍,基本上都是"半路出家"的"门外汉",有理论知识的又缺乏空中乘务实践经验;而有实际工作经历的,往往又没有专业的理论基础;同时具备的则十分稀缺。由此可见,师资问题已经成为空中乘务专业人才培养的重要制约因素。

(四)校企合作与发展需求脱节

空中乘务专业的人才培养不同于其他行业,它有着极强的专业性、实践性,需要真实的实训条件、实训基地予以支撑和保障,这就使空中乘务专业人才的培养必须走深度的校企合作模式。目前,虽然大多数高职院校的空中乘务专业都在开展校企合作的人才培养模式,但效果却并不理想。多数的校企合作都比较粗浅,或是跟岗实践,或是开办定向班级,或是定点招聘,或是互派人员学习、授课等。校企合作基本成了学校的主场,企业深度融入和参与的积极性比较欠缺,"剃头担子一头热"的现象比较突出,这与高职院校想借助民航企业的岗位实践资源和行业培训标准,提升人才培养质量,实现双方互惠共赢、促进发展的初衷事与愿违。

四、基于"1＋X"证书制度的空中乘务专业人才培养模式改革

空中乘务专业人才培养模式改革是一个系统工程,仅凭高职院校的力量是独木难支的,需要学校、企业、民航管理部门、教育主管部门的共同参与、群策群力才可实现。

(一)完善"课证融通"的课程体系制度

该制度明确鼓励学生在获得学历证书的同时,积极考取多类职业技能等级证书。在"1＋X"证书制度下的"课证融通"人才培养模式改革,主要是针对现有的专业课程进行改革,改革课程的考核方式,将职业技能考核要求纳入相应的专业课程,依照职业基本素养课、职业综合技能课、职业能力拓展课等类别,匹配对应等级的通用证书、职业资格证书或职业技能证书,通过理论和实操考核的学生可申请对应的证书,每名学生在每个类别中至少考取两个证书。例如:普通话水平测试等级证书、中国民航危险品运输培训合格证、民航安全检查员证、民航乘务员英语等级证书、民航客运员证书、民航乘务员证书等。

(二)打造"内外兼修"的教育教学队伍

阿里巴巴创始人马云曾经说过:"一个人离开单位,要么是钱不到位,要么是人不到位。"马云的话击中了企业留不住人才的痛点,也击中了高职院校空中乘务专业无法招揽或留住来自企业的优秀人才的痛点。因此,高职院校应主动作为,采取

切实可行的措施来加强空中乘务专业的师资队伍建设,通过待遇留人、事业留人、环境留人的方式,建立一支思想品德好、内涵素质高、动手能力强的专兼职教育教学团队。一是参照企业的薪资标准提升兼职教师的经济待遇,按照兼职教师不少于50%的要求,积极从民航企业引进民航岗位的行家里手、技能标兵来校充实空中乘务专业的师资队伍;二是修订完善兼职教师的学习培训及职称评审晋升机制,打通兼职教师在职称评审和职位晋升方面的壁垒,为兼职教师营造良好的学习、工作、发展的机遇和氛围,激发兼职教师的工作热情和事业热情;三是建立"工学交替"的学习实践机制,定期组织空中乘务专业的专职教师到民航企业通过跟岗或顶岗的方式,加强实操知识和技能知识的学习及更新,使空中乘务专业的专职教师通过常态化的学习实践,持续地提升实践技能和水平。

(三)建设"教培一体"的技能鉴定模式

长期以来,教培"两张皮"的现象在高职院校中比较普遍。如何有效地将教学组织与证书培训进行有机的整合统一,建立"教培一体"的技能鉴定机制是深化空中乘务专业人才培养培训模式和评价模式改革的关键。一是高职院校要丢弃"等要靠"的惰性思想,积极作为,积极与民航管理部门和行政主管部门取得联系,争取设立空乘专业人才职业技能等级鉴定站点,成立联合考核专家组,负责院内的职业技能等级证书的鉴定工作。二是高职院校应联合民航管理部门、航空公司等与空中乘务人才培养相关的单位及团体,合力开发教培皆适用的教材,供空中乘务专业的学生使用。三是按照民航企业的培训标准或成套地引进民航企业的培训产品融入专业课程体系,建立"学习即培训,培训即学习"的教培学习模式。四是院内或高职院校与民航企业间建立教培成果互认机制,学生在校学习期间,凡取得职业技能等级证书的,均可免修对应的课程;凡完成相应课程学习并考核合格的学生,进入民航企业后,其在校取得的课程成绩可作为岗前培训的成绩。

(四)深化"荣辱与共"的校企合作机制

空中乘务专业人才培养的特殊性决定了空中乘务人才培养必须有企业的参与才可实现。长期以来,多数校企合作都是校方在唱"独角戏",而企业"爱理不理"的现象比较普遍,归根结底是缺乏经济的刺激和利益的驱动。要破除这种尴尬的校企合作困局,高职院校应抓住企业营利的本质属性,积极构建与企业风险共担、利益共享的校企合作模式。通过引进具有雄厚实力的民航企业或培训机构,与学校共同办学或共同开办空中乘务专业。高职院校应充分地与合作企业分享办学的收益,通过有效的合约机制,建立持续的、牢固的、共进共退的新型校企合作模式,共同承担并实现为民航企业培养合格人才的主体责任和目标。除此以外,高职院校还应让合作企业作为主体从制订人才培养方案、开发优质信息化资源、培育创新性教学团队、建设开放共享的实训基地等方面全方位、全过程、全时段地参与到人才培养工作中来,提升专业教学与培训的质量和水平。

五、结　语

随着民航业的迅猛发展,民航业对空中乘务人才的需求越来越大,对空中乘务专业人才质量的要求也越来越高。高职院校应抓住机遇,弄懂、吃透《方案》释放的政策红利,紧扣空中乘务专业人才职业能力的实际需求,积极谋划推进"1 + X"证书制度下空中乘务专业人才培养方案的改革与落地,努力优化空中乘务专业人才培养方案,提升空中乘务人才培养的质量,积极拓宽空中乘务专业毕业生的就业渠道,为建设人才强国、民航强国提供有力的人才支撑和保障。

参考文献

[1] 顾晓滨,刘晓棠.对"1 + X 证书制度"的思考与建议[J].对外经贸,2019(3):117-121.

[2] 孙善学.对 1 + X 证书制度的几点认识[J].中国职业技术教育,2019(7):72-76.

[3] 李寿冰.高职院校开展 1 + X 证书制度试点工作的思考[J].中国职业技术教育,2019(10):25-28.

[4] 董璐.空乘专业校企合作模式探索[J].济源职业技术学院学报,2017,16(2):111-113.

[5] 王姣姣,吴亚军,李仟.空乘专业人才培养模式改革实践研究——以天津中德职业技术学院为例[J].天津商务职业职业学院学报,2015,3(6):43-45.

将课程思政融入"电子产品检验与维修"课程

田琳琳　刘　婷

重庆电信职业学院

摘　要:从"思政课程"到"课程思政"是目前教育行业的焦点,作为职业院校的教师,我们如何在非思政课程教学中铸魂育人、立德树人? 我们应该多学习最新的政策与大会精神,从一门专业课抓取相应的几点进行课程思政建设。这里提出的"电子产品检验与维修"是一门综合性、实践性较强的专业核心课程,学生在学习电子产品理论知识时,应学会分析维修电子产品与基础维修,还要加强思想政治的学习。教师应从教什么、怎么教、教得如何着手,从"电子产品检验与维修"教学分析与设计、"电子产品检验与维修"教学准备与实施、"电子产品检验与维修"教学总结与评估来融入课程思政。

关键词:课程思政;教育改革;电子产品检验与维修;核心专业课程

习近平总书记在全国高校思想政治工作会议上提出,"高校思想政治工作关系高校培养什么样的人、如何培养人以及为谁培养人这个根本问题。要坚持把立德树人作为中心环节,把思想政治工作贯穿教育教学全过程,实现全程育人、全方位育人,努力开创我国高等教育事业发展新局面"。为了达到这一目标,大部分的高校已经开始构建"思想政治理论课程、综合素质课程、专业课程三位一体的思想政治教育体系",从"思政课程"到"课程思政",从不同专业课程中挖掘课程思政,实现"知识传授与价值引领相结合"的教学目标。"电子产品检验与维修"是电子信息工程技术等专业的专业核心课程,对高职学生独立思考能力、动手能力和创新能力等的培养来讲是必不可少的。以下从三方面来将课程思政融入"电子产品检验与维修"课程中。

一、通过教学分析与设计将课程思政融入"电子产品检验与维修"

电子类专业教师都知道,"电子产品检验与维修"主要是介绍电子产品如手机、电视机、电脑等的结构及原理,要求学生学会分析电子产品故障并进行保养、维护以及基本维修。高职学生的特点为:①大多数学生懒散,爱玩手机。②上课注意力不集中或者集中时间不长。③喜欢动手操作,但操作喜欢跟着老师做。④不愿意动脑筋,不愿意学习枯燥的理论知识。这些特点导致课程结束之后,学生理论知识弄不明白,实训课程老师怎么做学生就怎么做,没有太多的思考,没有创新。这些基本上是职业院校学生的通病,抓住学生这些特点,我们就可以通过相应的方法来培养学生"专注""技术创新"等能力。"电子产品检验与维修"是电子信息工程技术专业的核心课程,要求学生有一定的电工、电子、电路分析等课程基础,要求学生了解电子产品结构,进行电路原理分析,对电子产品进行保养、维护与基本维修。结合学生与课程来看,学生学习该门课程有一定难度,那怎样提高学生的学习兴趣呢? 可以采用双任务驱动法,通过专业课程问题结合课程思政问题,组织学生自主学习、小组学习、团队提升,通过讨论引导学生养成正确的思想政治素养。结合实际情况为该课程设定考评机制:平时学习态度、精神状态、出勤情况占总成绩的20%;期中任务占总成绩的10%;实训课程团队精神、安全意识、环保意识、任务完成态度占总成绩的30%,期末理实一体化测试占总成绩的40%。例如:在上"手机"这个项目之前,我们可以提前安排学生分组下去拆卸废弃的手机,识别手机内部结构,用草图绘制相应的电路原理图并注明其功能,尽量了解其工作原理,记录该手机存在的问题,就出现的问题提出合适的解决方法。用翻转课堂的形式,学生通过展示完成的任务内容,探讨交流,相互补充,最终教师进行点评更正。整个过程中,学生通过自主学习以及小组合作学习的方式,对熟悉而陌生的手机进行"解剖",对手机结构、工作原理更加熟悉,同时加深学习印象,体会到专注做事的乐趣、团队合作的魅力,反复改进更新知识,培养一丝不苟的工匠精神。

二、通过教学准备与实施将课程思政融入"电子产品检验与维修"

作为教师的我们,要明白教什么,怎么教。在正式上课之前,教师应反思自身素养,"立师首在思政,立德先行立师",我们是否是新时代教师队伍之一? 培养什么样的人才,与你是什么样的教师息息相关。除了过硬的专业知识素养,教师应在育人中得到升华,课堂上找乐趣,学生中找感觉。关注学生的可持续发展,回到教育的本质,提高人的生命质量和价值,促进学生全面发展,让学生都能过上幸福的生活,让每个学生能够对人类、社会有所贡献,实现人生价值,让每个学生的人生都有出彩的机会。

在教学准备中,我们可以从三个方面考虑融入课程思政:第一,从社会主义核心价值观出发,围绕"富强、民主、文明、和谐、自由、平等、公正、法治、敬业、爱国、诚信、友善"来培养人才;第二,从工匠精神,如精益求精、注重细节、严谨、一丝不苟、耐心、专注、坚持、淡泊名利等出发培养人才;第三,从科技创新,如知识创新、技术创新、现代科技引领的管理创新等出发培养人才。

(1)"电子产品检验与维修"课堂教学准备与实施:前期做好相应教学设计,请几位学生帮忙准备上课所需要的电子产品(以手机为例),准备相应工具,检测实训设备,按照小组分发电子产品以及工具,通过投影进行手机实物展示,介绍手机结构、功能、电路原理。教师留下问题:手机在使用过程中会出现哪些问题?怎么解决问题?每个小组通过网上查找资料,用相应工具对手机进行检测,小组讨论得出部分答案,再由各小组分享讨论得出最佳答案。整个课堂准备以及教学过程中,培养学生多动脑、多动手的习惯,用已有知识解决当前问题,对不懂的知识采用对应方法解决问题,通过自主学习、小组学习,增加学生团队协作能力。

(2)"电子产品检验与维修"课外实施社会服务:课堂的教学远远满足不了学生的动手操作能力,为了检测学生对"电子产品检验与维修"的掌握情况,落实社会所需人才的培养,培养学生服务社会的精神,弘扬"劳动光荣、技能宝贵、创造伟大"的时代风尚,结合学院专业设置实际情况,组织学生参加职业教育志愿服务活动,用所学知识无偿为社区居民讲解电子产品维护,为居民维护、保养、维修电子产品。整个活动下来,学生收获颇多,不仅专业知识得到应用与提升,动手能力以及处理突发情况的能力也得到相应提升。本次教学实施在提升学生职业技能的同时,也增强了学生为社会服务的责任感和使命感。

三、通过教学总结与评估将课程思政融入"电子产品检验与维修"

优点:通过提前自主学习、小组相互学习、教师指导学习,大部分学生对电子产品维护与维修知识有了更进一步的了解,对整机电子产品的维护方案和对电子产品维修方法等有了更进一步的掌握,大部分同学体会到电子产品检验与维修都有很高的实用价值,尤其是在社会服务这一块,实际操作电子产品维护、保养以及维修,各个环节都需要学生做到坚持不懈、专注、一丝不苟。不足之处:由于实训设备数量有限,电子产品有限,不能保证每位学生都有,所以有些学生浑水摸鱼;实训设备部分出现故障,多数电路板器件短路烧毁,学生学习后很快检测出故障所在,但是没有找到对应器件换上;该课程是专业核心课程,并且是一门综合性较强的课程,需要学生对之前学习的电工基础、数字电子技术、电子产品装配等专业课程有较好的掌握,所以大部分学生学起来较吃力。课外服务实践让基础不好的学生认清现实,学到技术才是硬道理。

总之,课程思政的融入,要做到"润物细无声",让学生在学习中慢慢培养社会主义核心价值观、工匠精神和科技创新精神,而不只是在课堂上说今天我们进行课程思政。每一位教师都有自己的办法让学生有所获。教师也要多了解行业最新发展动态,与时俱进,针对不同学生,不断更新教学设计,达到思想政治工作始终贯穿教育教学全过程,实现全程育人、全方位育人的目标。

参考文献

[1] 习近平. 全国高校思想政治工作会议讲话稿[N]. 新华社,2016-12-08.

[2] 王颖毅. 高职专业教学如何融入思想政治教育[J]. 职业教育研究院,2011(S1):143-144.

[3] 唐敏,龙鸣. 浅析高职药学专业教学中思想政治教育的融入[J]. 亚太教育,2016(19):152-154.

[4] 闵辉. 课程思政与高校哲学社会科学育人功能[J]. 思想理论教育,2017(15):21-24.

[5] 匡江红,张云,顾莹. 理工类专业课程开展课程思政教育的探索与实践[J]. 教育管理,2018(1):119-122.

[6] 杨涵. 从"思政课程"到"课程思政"——论上海高校思想政治理论课改革切入点[J]. 扬州大学学报:高教研究版,2018,22(2):98-104.

无人机倾斜摄影技术在古代
历史文化资源保护中的应用研究
——以重庆艺术工程职业学院古建筑工程
技术专业的创新实践为例

梁 挺 徐永恒 陈志伟

重庆艺术工程职业学院

摘 要:本文以重庆艺术工程职业学院古建筑工程技术专业的创新实践为例,探讨无人机倾斜摄影技术对以古建筑为代表的历史文化资源的保护、建设带来的现代创新解决方案。这一新技术不仅极大地提高了古建筑测绘工作的效率,而且正在改变与测绘相关的一系列专业技术和相关产业。

关键词:无人机倾斜摄影技术;历史文化资源保护;古建筑工程技术专业;测绘;三维模型

无人机倾斜摄影是近年来航测领域发展起来的一项新技术。相较于传统航测采集的垂直摄影数据,无人机新增了多个不同角度的镜头,可同时获得同一位置多个角度的、具有高分辨率的影像,能采集丰富的地物侧面纹理及位置信息。而后基于详尽的航测数据,进行影像预处理、区域联合平差、多视影响匹配等一系列操作,批量建立高质量、高精度的三维模型。

无人机倾斜摄影技术在现代化建设的诸多领域均有成功的运用,如国土规划、城镇规划、旧城改造、智慧城市建设、交通建设、商业区建设等。

本文基于对历史文化资源的保护,结合重庆艺术工程职业学院建筑工程学院古建筑工程技术专业的创新实践,探讨无人机倾斜摄影技术为古代历史文化资源保护带来的现代创新解决方案,以及其对古建筑工程技术专业、古建筑行业发展的有利影响。

一、相关背景

历史文化资源在城市建设方面主要指遗留下来的物质文化资源,包括历史文化名城、名镇、名村,各级文物保护单位,历史建筑,传统风貌建筑等,是民族文化的瑰宝。例如中国古代建筑的构件"斗拱",已成为中华民族的象征符号之一。这些历史文化资源设计得巧夺天工,深刻体现了人与自然的完美结合,具有极高的历史价值、社会价值、美学价值。

但是,随着经济社会的发展,古代历史文化资源的保护和传承面临着严峻的形势。首先,精通中国古代建筑技术的人越来越少,文化传承面临中断的危险。其次,大量的古城、古村、古建筑因各种原因不断消失。因此,如何在现代社会科技高速发展的环境下,利用现代创新技术吸引年轻人学习这些历史文化知识,高效率地抢救、收集、整理中国古代建筑技术和文化,按高等职业教育"工学结合、知行合一"的模式继续传承,使民族瑰宝不至于失传,一直是我们思考的问题。

与此同时,在中华民族伟大复兴的大背景下,尤其是在习近平总书记提出"中国梦"的治国理念下,城市建设以及人们的生活方式出现了两个很重要的变化。第一,一些原来被漠视的民族文化开始复苏,汉服唐装、古典音乐、古典礼仪等交相辉映。人们开始重新审视中国古代建筑并被中国古建筑所蕴含的哲学、美学、人文思想所折服,为民族自身的建筑成就感到骄傲。中国古典建筑风格在建筑市场开始复兴。第二,习近平总书记还提到了中国城市千城一面的问题。因为在中国主要的大中城市中,到处都是国际化建筑,丧失了地域建筑特色,也就丧失了民族文化特色。如何使中国城市建设做"中国梦",而不是"法国梦""西班牙梦",也就成为一个亟待解决的问题。

为了解决上述两方面的问题,对历史文化资源的保护与整理就显得非常急迫。因此,近年来各地都在开展有关历史文化名城、名镇、名村的发现、保护及建设工作。

这些历史文化名城、名镇、名村的发现保护、建设工作需要专业的人员来完成。这一系列规范性的工作包括所有不可移动文物(文物保护单位)的收集、整理和挖掘,历史建筑和传统风貌建筑的收集、整理和挖掘,历史文化要素的收集、整理和挖掘,对所有有形实体的现场测绘、所有获得材料的价值分析和提炼等。由于这一系列规范性工作的工作量巨大,过程十分复杂,靠传统的人工测绘手段来完成,几乎是不可能的。举个例子,抗战时期,梁思成和林徽因带领团队测绘一个两进院落的古寺,耗时 1 个月。重庆艺术工程职业学院建筑工程学院古建筑工程技术专业的10 多名师生,2014 年在重庆长寿区测绘大坝村的资料,按照传统人工测绘手段估计在现场需要 1 周的时间,这仅仅是一个不大的村落。测绘是各地历史文化名城、名镇、名村的发现、保护与建设的龙头工程,也是耗时费力的"卡脖子工程"。

二、创新举措

无人机倾斜摄影技术的应用,极大地缩短了常规测绘的时间,降低了人力成本和时间成本。而无人机技术本身所具备的现代性和时尚性,强有力地号召着年轻人投身这一领域。

无人机倾斜摄影技术凭借快速高效、机动灵活、成本低廉等优势,逐步颠覆传统测绘"人走步量"的工作模式。它能减少长途跋涉、野外奔波的辛苦劳作,它能大范围、高精准度、高清晰地全面感知复杂场景。它通过高效的数据采集设备和专业的数据处理流程所获得的数据,可直观反映地物的外观、位置、高度等属性,保证测绘精度和真实效果。无人机倾斜摄影测量在各行各业得到了广泛的应用,促进了相关行业的发展,已成为测绘行业的"新宠"。

重庆艺术工程职业学院建筑工程学院于 2016 年在古建筑工程技术专业开设无人机测绘课程,是重庆市较早开设无人机测绘课程的高职院校。目前,重庆地区有少数几家高职院校开设无人机专业,但都不是航空测量这个方向。我们瞄准的是历史文化资源测绘和无人机运用这两个庞大的市场。据重庆商报、华龙网等媒体报道,2020 年,重庆市年产无人机 120 万台,民用无人机产值达到 800 亿元,重庆将形成"研发 + 制造 + 服务 + 应用"的无人机完整产业链。

近年来,外地无人机企业也不断"走进来",推动重庆的现代化建设。如在历史文化资源保护、智慧城市建设、旧城改造、高铁建设、商业区建设中都有外地无人机测绘单位的身影。

三、技术特色

重庆艺术工程职业学院建筑工程学院古建筑工程技术专业有专职教师 12 名,都有多年的行业工作和研究经历。目前正在完善已建成的无人机测绘三维重建实训室,计划在这个实训室的基础上建成无人机航空测绘技术展示中心,使三维重建成果的精准度、软件运行的硬件要求、运算成果所需的时间这三个考量三维重建技术的关键指标在应用创新技术的道路上更进一步。

传统的竖直摄影只能获取地物顶部的信息,无法获得地物侧面的信息;倾斜摄影能从多个角度观察被制作建筑,更加真实地反映地物的实际情况,极大地弥补了正射影像分析应用的不足;通过配套软件的应用,可直接利用成果影像进行包括高度、长度、面积、角度、坡度等属性的测量;针对各种三维数字城市应用,利用航空摄影大规模成图的特点,加上倾斜影像批量提取及贴纹理的方式,能够有效地降低城市三维建模成本。同时,我们还成功地摸索出 1:500 的不动产地籍测量的应用技术(需要误差不超过 ±5cm),在地籍测量中获得良好的应用效果。

为了保证测绘结果的精确度,除了好的航测无人机这个硬件要求外,如何选择最合适的三维重建软件也是需要不断研究的问题。目前我们使用了 Smart3D、Photoscan、Global Mapper、ArcMap、EPS 等一系列软件来进行航测结果的对比,逐渐总结,不断探索。找到这些科技创新与高职教育的结合点,有利于高职学生掌握和运用这些最新技术。

目前,我们在古建筑工程技术专业和市政工程技术专业的大二年级均开设了无人机测绘课程,主要包括无人机的飞行与测绘操控、技术数据的后台软件处理,在学生中引发了热烈的响应,不少其他专业的学生也纷纷打听这门课程。这门课与现代技术的结合以及世界级的无人机竞赛等带动了同学们的学习积极性。古建筑工程技术专业曾是一个招生困难的专业,无人机测绘技术使之成为一个学生争相报名学习的热门专业。

四、创新成果

无人机倾斜摄影技术的应用,改变了长期以来"人走步量"的测绘工作模式,解决了传统测绘劳动强度大、工序复杂、人工和时间成本高的问题。前文提到的长寿区大坝村的测绘工作,在无人机测绘技术的帮助下,重庆艺术工程职业学院的 8 名师生只用了 1 天时间就完成了全部的场外测绘工作。前文提到梁思成和林徽因当年率团队费时 1 个月测绘一个两进院落的古建筑,使用无人机测绘技术需要在现场的 1 个无人机飞行航次,1 个人约 40 分钟,加上室内拍照后返回基地,最后再用 3 天时间进行数据处理即可完成。对于历史文化名城、名镇、名村等成片建筑区域,过去采用人工建模方式,需要二十余人、一两年时间才能完成的一个中小城镇建模工作,现在通过倾斜摄影建模方式,只需要 1 人、3 个月时间即可完成,大大降低了三维模型数据采集的人工成本和时间成本。由此可知,无人机倾斜摄影技术为测绘和建模行业带来了巨大的社会效益和经济效益。

　　截至 2019 年 11 月,重庆艺术工程职业学院建筑工程学院在无人机测绘三维重建实训室的专业技术基础上,由专业教师团队带领学生先后完成了重庆市级历史文化名村长寿区葛兰镇大坝村的申报与保护规划、重庆市级历史文化名镇九龙坡区铜罐驿镇的申报与保护规划、重庆市级文物保护单位重庆市黔江区冯家镇万涛同志故居的修缮设计、重庆市长寿区区级文物保护单位双龙镇张家祠堂和石堰镇戴氏祠堂的修缮设计、重庆市璧山区莲花湖原始地形航测、重庆市北碚区凤凰村地籍测量、重庆市武隆区仙女山民宿小镇地籍测量等一系列无人机测绘工作,创造产值 260 余万元,与传统测绘方式相比,降低测绘成本上千万元。

重庆市级历史文化名村长寿区葛兰镇大坝村

重庆市长寿区石堰镇戴氏祠堂的修缮设计方案

重庆市长寿区双龙镇张家祠堂的修缮设计方案

重庆市级历史文化名镇九龙坡区铜罐驿镇的申报与保护规划

无人机测绘工作中

重庆艺术工程职业学院建筑工程学院古建筑工程技术专业师生

　　无人机倾斜摄影这一新兴的智能技术,为历史文化资源的保护带来了创新的解决方案,促进了古建筑工程技术专业的嬗变,将历史文化资源的保护和最新的无人机测绘技术结合起来,让一个古老的行业焕发出新的时代精神。更重要的是,它极大地提高了历史文化资源保护工作的效率,让全社会都更快地感受到历史文化保护的成果,这有利于优秀历史文化的复兴,从而增强我们的文化自信。

参考文献

［1］梁思成.图像中国建筑史(汉英双语版)［M］.梁从诫,译.天津:百花文艺出版社,2001.

［2］段延松.无人机测绘生产［M］.武汉:武汉大学出版社,2019.

"人力资源管理"课程"情景＋竞技"化教学改革探索

靳丽芳

重庆电信职业学院

摘　要:"情景＋竞技"化教学是一种以学生学习为中心的教学方法,旨在提高学生能力。"情景＋竞技"化教学方法在高职"人力资源管理"课程的教学实践中主要分为任务筹备、情景设置、任务实施和结果总结四个步骤。该方法有利于增强教学吸引力,提高教学质量,提升学生专业技能,值得在教学中大力推广。

关键词:人力资源管理;情景;竞技;改革

"人力资源管理"是一门专门激发组织内人力资源活力,提高人力资源质量,增强人力资源管理效率的实践性与操作性课程。高职院校"人力资源管理"课程的教学改革对培养适应市场经济发展需求的复合型人才有至关重要的作用,高职院校培养的经管类学生应当是面向社会的实用型复合型人才,具有经济学、管理学、心理学等方面的专业知识以及计算机应用技术,具有较高的分析解决人力资源管理相关实际问题的能力。为了达到这样的要求,一方面需要学生有一定的阅历、沉淀,另一方面需要教师改变传统的教学模式,积极进行课堂教学改革,采用以学生为中心的教学方式。实践证明,"人力资源管理"课程"情景＋竞技"化教学方法值得尝试和推广。

一、"情景＋竞技"化教学方法的内涵

"情景＋竞技"化教学方法是"情景"教学与"竞技"教学的融合。"情景"教学是指教师根据课程内容,提前筛选符合学生进行创设的情景,要求学生在此情景中扮演一定的角色,并按角色要求处理"情景"中的问题,是一种以情景为载体的自主探究性学习方式。"竞技"教学是把体育活动中竞技比赛的方式引入课程教学环节,即在每次"情景"活动展示时,不同的小组之间就同一活动任务分别进行展示,然后由评委根据各组同学"情景"演绎的优劣,进行打分,是为竞技评比。

"情景"与"竞技"彼此交融,以此强化学习气氛,从而达到提高教学实效性、突出学习应用性等目的。

二、"人力资源管理"课程"情景+竞技"化教学方法实施的优势

(一)符合高职学生学习特点

高职院校主要培养高素质、高技能的实用型人才。调研发现,高职学生在进入学校后,呈现出学习主动性弱、学习情绪化强、职业定向性强、对自己感兴趣的实践型课程有较高积极性等特点。"人力资源管理"课程"情景+竞技"化教学方法,以情景模拟方式让学生动手操作每一个专题,让学生以角色扮演方式去处理情景中发生的问题,激发学生学习兴趣,增强学生的认知能力。美国教师迪奈乌和黑泊纳让学生通过角色扮演的方式参与课程教学后指出:这种让学生参与、体验的教学能够"减少他们在学习中的紧张和焦虑,并且能够提高个人创作热情和小组合作效果"。

(二)课堂实践效果明显

没有经过实践检验的方法是空洞的,实践是赋予理论与方法生命力的重要途径。本课程将"情景+竞技"化教学方法在课堂付诸实施后,引起了较大反响。该方法结合学生表现、作业成果、测试结果、学生评价等对学生进行总体考核,让学生从被动学习变为主动学习,效果较好。学生掌握的人力资源管理技能,对其毕业后快速融入所在的岗位起到了较大作用。

三、"人力资源管理"课程"情景+竞技"化教学方法改革目标

实践性和应用性是高职院校"人力资源管理"课程的典型特征,因此在课程教学中引入"情景+竞技"化的教学方法,是以提高学生人力资源管理实际应用能力为出发点的。通过改革,本课程欲达到如下目标:

(一)增强教学吸引力

"情景+竞技"化教学具有主动性、趣味性、实践性、创造性等特征,并以关注最终问题解决方案为焦点,对完善学生人格、树立学生正确价值观、端正学生行为态度具有重要的作用。同时针对目前用人单位日益重视学生实际工作技能的状况,根据"人力资源管理"课程的教学内容,将其整合成六个大的模块进行讲解,有助于学生理解人力资源管理的内容,大大提高了学生学习的兴趣,增强了课程对学生的吸引力。

（二）提高课堂教学质量

基于能力培养的"情景＋竞技"化教学方法强调互动式教学，注重老师与学生之间的沟通和互动，鼓励学生踊跃发言，引导学生积极思考。通过"情景＋竞技"化教学可增强学生对课程的兴趣、对学习的兴趣，激发学生学习热情，鼓励学生掌握学习方法，从而确保教学效果，提高学生人力资源管理实际应用能力。同时教师也能从学生有创造性的想法中获得感悟和启发，做到教学相长。

（三）提升学生专业技能

技能领先是高职学生的重要特色。"情景＋竞技"化教学方法注重让学生参与课程教学，有助于提升学生人力资源管理专业技能，培养人力资源管理方面的"能工巧匠"。"情景"化教学法具有趣味性，"竞技"化教学法具有比赛性，"情景"与"竞技"的结合大大激发了学生的学习热情，让学生在竞技状态中加速对人力资源管理技能的掌握，达到探究性学习、竞技化展示的目的，有助于技能型人才培养目标的实现。

四、"人力资源管理"课程"情景＋竞技"化教学方法的步骤

"人力资源管理"课程"情景＋竞技"化教学方法主要是通过"小步紧走、按步骤走"来实现提高学生的实践操作能力的目标的。具体来说，该教学方法主要按任务筹备、情景设置、任务实施、结果总结四个环节实施。

（一）任务筹备：基础环节

任务筹备是"情景＋竞技"化教学的基础。在第一次上课时，要求学生以 7 ~ 8 人为一个小组，组建模拟公司。每个小组选出一个组长，负责组织、领导整个小组并设定组长与组员在模拟公司中的职务及职务职责。后面环节都将以成立的模拟公司为单位进行。

（二）情景设置：核心环节

情景设置就是以教学内容为依据，选取具有一定代表性的问题进行情景设置，让学生以角色扮演方式呈现出来。在"人力资源管理"课程上，以模拟公司为单位，根据人力资源管理六大模块内容，选取每一模块中的典型任务，进行情景问题设置。"人力资源管理""课程""情景＋竞技"化模拟主题如表1所示。

表1 "人力资源管理"课程"情景+竞技"化模拟主题

序号	模块内容	情景模拟主题
1	人力资源规划	选取校内某个学生社团,对该社团未来一年内的人力资源供给与需求状况进行预测,并提出平衡措施
2	员工招聘	召开模拟招聘会,每个人一半时间扮演面试官,另一半时间扮演求职者
3	员工培训与开发	根据需求,设定培训主题,进行员工培训
4	绩效管理	根据绩效考核结果,进行绩效面谈
5	薪酬管理	根据胜任能力,进行薪酬谈判
6	员工关系	模拟劳动争议场景

(三)任务实施:关键环节

根据教学安排,每个"公司"在各模块内容学习结束后,轮流演绎模块设置的情景,在演绎结束后,选派一名代表担任评委,对除自己公司以外的其他公司的情景演绎进行评分。然后将各个"公司"的得分进行排名,即所谓的"竞技"。"竞技"化的展示极大地调动了学生完成任务的积极性。

(四)结果总结:升华环节

每个模块的情景演绎任务完成后,各模拟公司首先派代表进行总结发言,主要总结完成此次任务的感受以及观看情景演绎后受到的启发,同时也可以对其他模拟公司的任务完成情况进行点评。最后,教师对此次活动做详细的点评。通过讨论和总结,进一步提高学生分析问题、判断问题及解决问题的能力。

五、结论与讨论

教育的核心应该是培养学生健全的人格、强大的心智和博大的情怀,而不仅仅是完美的分数。"情景+竞技"化教学方法摆脱了传统"填鸭式"教学的弊端,教师不再是一个灌输者,课堂也不再是教师的独角戏。基于这种教学方法,教师把课堂还给了学生,教师仅充当导演加主持人的角色,发挥引路人的作用。这种倡导以学生学习为中心的方法不仅有利于学生掌握先进的人力资源管理理念、人力资源管理原理,还能使学生很快掌握人力资源管理中的面试、绩效考核、薪酬设计等相关专业技能,强化学生对人力资源管理知识的深度认知,培养学生良好的情商和价值观念。但这种方法对教师和学生的能力要求较高。一方面,教师自身要有一定的人力资源管理经验,要能够很好地让理论与实际紧密结合;另一方面,学生要有探索精神和团队合作能力,在课下能根据教师设置的情景进行剖析并表达出来。由于学生本身还未有太多的社会经验,再加上"竞技"化的压力,在展示中容易出现小组成员之间交流意识弱化、展示能力缺乏等问题。相对于其他教学方法而言,"情景＋竞技"化教学方法需要学生花费更多的时间去揣摩知识背后传达的道理,才能在课上有更好的展示空间。

这种以学生为中心的教学方法,由于学生的全程参与,凸显了教师的启发性和学生学习的主动性,同时还有利于学生创造性的发挥,最终达到教学相长。在金课建设背景下,合理提升学业挑战度、增加课程难度、拓展课程深度,给学生合理"增负",把课堂还给学生是提高课程教学质量的必需环节。因此,应通过一定方式大力推广"情景＋竞技"化的教学方法,让高职院校的教学课堂真正变为生动而有趣的"魔力课堂"。

参考文献

[1] 张国玉,王珍,王俊峰.角色扮演法在实践教学中的应用——以《公共关系学》课程为例[J].兵团教育学院学报,2010,20(6):75-77.

[2] 靳丽芳.大数据时代提高高职高专课堂教学有效性策略研究[J].年轻人,2019(15):191.

[3] K M DeNeve, M J Heppner. Role play simulations: The assessment of an active learning technique and comparisons with traditional lectures [J]. Innovative Higher Education, 1997, 21 (3): 231-246.

[4] 赵曙明.人力资源管理与开发[M].北京:高等教育出版社,2009.

[5] 杨晓莉.情景教学法在高职英语教学中的应用[J].智库时代,2019(24):227-228.

注:本文系2019年重庆市高等教育教学改革研究项目"岗位群导向的'人力资源管理'课程'情景＋竞技'化教学方法改革及实践"阶段成果,编号:193573。

新能源汽车技术专业实践教学的改革探讨

宁　萍　尹少峰　廖　鑫

重庆科创职业学院

摘　要:针对当前国内新能源汽车产业发展对应用型、技能型人才的需求,本文分析了国内新能源汽车产业发展的现状及其人才需求,以重庆科创职业学院新能源汽车技术专业为例,探讨了新能源汽车专业实践教学改革必要性、实践教学模式改革、实践教学平台改革、师资培养改革及实践成效,提出了今后关注的重点。

关键词:新能源汽车;专业;实践教学;改革

一、引　言

广义上讲,凡是选用新型动力装置、完全或主要选用非石油燃料的汽车都属于新能源汽车,其显著特征是环保、节能及可再生。在我国,新能源汽车是指采用非常规的车用燃料作为动力来源(或使用常规的车用燃料、采用新型车载动力装置),综合车辆的动力控制和驱动方面的先进技术,形成的技术原理先进,有新技术、新结构的汽车。本文所指新能源汽车属狭义范畴,主要包括纯电动汽车、插电式混合动力汽车和燃料电池汽车。

随着新能源汽车产业的快速发展,新能源汽车领域急需大批不仅掌握传统汽车专业技术,同时还掌握"三电(电池、电驱、电控)"技术的技能型人才。目前,技能型人才在新能源汽车领域的供不应求日益凸显。因此,作为新能源汽车专业技能型人才培养的关键环节,即实践教学改革已成为职业院校急需解决的问题。

二、新能源汽车产业发展的现状

我国新能源汽车的起步要追溯到20世纪50年代,而新能源汽车产业的发展始于21世纪初。2001年,新能源汽车研究项目被列入国家"十五"期间的"863"重大科技课题。

(一)国家发展战略

发展新能源汽车是国家战略。2012年国务院出台了《节能与新能源汽车产发展规划（2012—2020 年）》，提出了新能源汽车产业发展的具体产业化目标。2015 年，《中国制造 2025》提出把"节能与新能源汽车"作为重点发展领域。2016 年 12 月，国务院发布《"十三五"国家战略性新兴产业发展规划》，新能源汽车产业被列入国家战略性新兴产业发展规划之中。

（二）新能源汽车产销量统计

经过 10 余年的研究开发和示范运行，我国新能源汽车行业已经形成了从原材料供应、动力电池、整车控制器等关键零部件研发生产，到整车设计制造，以及充电基础设施的配套建设等完整的产业链，具备了产业化基础，中国新能源汽车市场需求呈螺旋式上升。

我国 2016 年至 2019 年 6 月新能源汽车产销量统计如表 1 所示。

表 1　我国 2016 年至 2019 年 6 月新能源汽车产销量统计表

时间	新能源汽车产量/万辆	同比增长/%	新能源汽车销量/万辆	同比增长/%
2016 年	51.7	51.7	50.7	53.2
2017 年	79.4	53.8	77.7	53.3
2018 年	127	59.9	125.6	61.7
2019 年 1—6 月	61.4	48.5	61.7	49.6

从表 1 可见，我国新能源汽车销量从 2016 年至 2019 年 6 月，基本保持 50% 左右的增长率。

2018 年 12 月底，我国新能源汽车保有量 290 万辆，占全球新能源汽车保有量的 53%。

（三）推广政策和机遇

在节能减排、政府补贴、限行限购、双积分等政策的联合推动下，我国正迎来新能源汽车发展的"黄金时代"。随着国内上汽集团、比亚迪等各大车企的激烈竞争与新兴造车企业的不断涌入，相比厂家大手笔投资建厂、互联网资本造车、网约车平台打造共享经济，新能源汽车后市场的开发挖掘潜力无限、"风口"强劲，但新能源汽车企业的配套服务、经销商、售后维保体系均处于布局加速阶段，对于站在汽车企业背后的汽车后市场企业来说，无疑是发展的新方向、新机遇。

三、新能源汽车产业人才需求

新能源汽车产业快速发展，对人才的需求也快速增长。具有传统汽车知识背景的人才已不能完全满足新能源汽车产业发展对人才的需求;拥有不同领域背景的专业人才正不断流入汽车行业。新能源汽车领域需要既有车辆方面的专业技术,也要懂电池、电机、电控等专业知识的复合型人才。数据表明,在传统汽车领域中,有跨行业工作经历的人才占人才总数的 14%,而在新能源与智能汽车领域中,有跨行业工作经历的人才占人才总数的比例高达 90%,体现了这个领域人才高度的多元化和跨界流动性。在生产、检测过程中涉及很多新技术装调、检测维修、试验维护、质量检验、充电桩维护等技术,而各 4S 店由于新能源汽车技术人才的缺失,无法对新能源汽车故障进行独立的诊断与排除,依靠返厂或厂家派员来店维修,降低了新能源汽车的维修效率。因此,培养新能源汽车技术技能型人才迫在眉睫。

四、实践教学改革

职业教育的职责是服务于经济和社会发展,就是把学生培养成具有良好的职业道德和创业精神,能够从事某一领域技术工作的德智体美劳全面发展的高素质技术技能型人才。既然是培养技术技能型人才,就离不开实践教学。因此,实践教学在职业教育中具有非常重要的地位,实践教学是培养技能型人才的重要教学环节,是培养学生动手能力的必然途径。

2019 年国务院印发《国家职业教育改革实施方案》(以下简称"职教 20 条")提出,从 2019 年开始,在职业院校启动"学历证书 + 若干职业技能等级证书"制度试点(以下称"1 + X"证书制度试点)工作。重庆科创职业学院以贯彻落实"职教 20 条"为契机,深化技能型人才实践教学模式改革,借鉴国际职业教育培训的普遍做法,指导职业教育实践教学的改革与创新,对新能源汽车技术专业的实践教学进行了改革创新,取得了一定的成效。

(一)实践教学改革的急迫性

1.现行实践教学存在的问题

首先是学校对教师队伍的学历、专业和职称结构要求较多,而对教师的实践教学能力要求较少;其次是部分教师对实践教学的认识不足,重视不够,缺乏企业实际工作的经历和实践教学的能力。而随着新能源汽车产业的不断发展,汽车产业技术发生巨大改变。传统的汽车企业面临技术更新、设备升级改造的机遇,而新生车企的创建和发展,都需要一批技术精湛、经验丰富、素质全面的技术型、技能型人才。这就要求职业教育及时关注产业结构的变化,捕捉企业对人才的需求情况,与企业深度合作,根据企业岗位需求,共同制定人才培养方案,共同建设师资队伍,共同建立实习实训基地,共同组织教学和实施评价,促进学校和企业共同成长。

2. 实践教学改革的目标

原有的实践教学模式已不适应新时代职业教育改革的需求。实践教学改革就是要让企业参与学校人才培养的全过程,实现学校学习与企业生产无缝对接,为企业培养实用的技能型人才。与企业协同育人,可提高学校专业与行业发展的贴切度,提高学生的实践能力和综合素质,提升用人单位对学生的满意度。实践教学改革需适应汽车产业的转型升级,因此,实践教学的改革非常必要。

(二)实践教学模式改革

重庆科创职业学院实施"订单班""现代学徒制班"等模式,与企业联合制定人才培养方案,构建"三位一体"(教师、企业和学生)的人才培养模式以及"校内实训+工学交替+顶岗实习+毕业实习"的实践教学模式,探索形成"校企协同、学训一体、岗位成才"的新能源汽车专业实践教学校企协同育人模式。

1. "订单式"协同育人模式

2017年,学校与华晨鑫源汽车签订基于"订单式"协同育人模式的"华晨鑫源—斯威班"校企合作协议并实质合作办班。校企双方共同组成"专业建设委员会",坚持职业标准和人才培养标准相对接,探索实施任务驱动、项目导向、案例教学,融"教、学、做"为一体的教学模式。学校通过专业教学改革推进并完成专业建设改革,践行"按岗设课、以岗定学、因岗施教、设岗实训、顶岗实习、顶岗工作、选岗取证、对岗就业"的理念。

2. "现代学徒制"协同育人模式

2018年8月,学校获教育部第三批"现代学徒制"试点建设专业,与重庆众泰汽车签订"现代学徒制"校企合作协议。2018年9月,与众泰汽车签订基于现代学徒制的"众泰汽车班"校企合作协议并实质合作办班。校企双方采取基于工学结合的"四段式"现代学徒制人才培养模式,从学生的能力要求入手,建立了专业群基础课程平台、核心课程模块化课程体系。学校利用"双师资""双资源"优势,开展课程教学内容设计和课程教学,在教学过程中以企业项目和项目需要的知识来构建教学内容,探索校企双方评价的考核体系,提高学生实践能力,强化职业技能素养的培养,共同培养"众泰"品牌汽车市场需要的专业人才。

（三）实践教学平台改革

学校汽车类专业校内实训基地下设四个实训中心，包括新能源汽车实训中心、汽车制造与装配实训中心、汽车检测与维修实训中心及汽车营销与服务实训中心。

1. 校内实训基地

重庆科创职业学院汽车工程系新能源汽车实训中心配置了三辆纯电动汽车、一辆北汽 EV160 教具车和全套示教台（包括高压安全功能台、电池管理系统功能台、电机控制系统功能台、电动转向系统培训台、电动制动系统培训台、动力电池展示箱、电子工具箱、线束维修工具）、充电设施；目前满足纯电动汽车快充、慢充、电池、电机、电控、检测维修等实践教学的要求。

2. 校外实训基地

重庆科创职业学院校外实习基地建设是落实校企协同育人的实践教学的重要保障。为满足学生具备企业岗位能力的要求，提高学生的动手能力，新能源汽车专业团队积极主动地寻求与新能源车企的合作。目前，已与多家新能源车企签订校企合作协议，共建校外实习基地。

2018 年获重庆市高等职业教育双基地建设项目立项；与重庆众泰汽车签订"双基地"建设合作协议，共同建设校外实习基地，丰富实习内涵。

（四）师资培养改革

按照"职教 20 条"要求，从 2020 年起，职业院校教师原则上从具有 3 年以上企业工作经历并具有高职以上学历的人员中公开招聘。职业院校、技能型本科高校教师每年至少 1 个月在企业或实训基地实训，落实教师 5 年一周期的全员轮训制度。

1. 校内专职教师

新能源汽车技术专业的"双师型"教师应具有扎实的基础理论、系统的专业知识及丰富的实践教学经历。前两个条件较容易具备，第三个条件却难以满足。学院教师通过到华晨鑫源企业锻炼，了解了汽车生产的前沿技术和发展趋势，提高了教师的实践技能，丰富了课程教学内容。通过校企合作，促进了师资队伍不断优化。通过聘任具有汽车产业实践经历的教师、加强校内教师的实践能力培养、改革实训教师考核标准等，满足了双师型教师的企业经历要求。

2. 企业兼职教师

校企协同育人是解决实践教学师资不足的一个有效手段。通过设立专项经费,直接从企业聘请中高级工程技术人员担任实践教学教师,组建校企实训课程教学团队,与校内专职教师共同承担技能型人才的培养,校企双方教师都承担实践教学课程。

(五)改革成效

重庆科创职业学院通过与重庆众泰汽车、华晨鑫源等车企组建"订单班""现代学徒制班"等实践教学模式的改革,三年以来,取得了一系列成效。首先,学生的学习主动性和动手能力明显提高,连续三年在重庆市级汽车技能大赛中获得奖项;其次,学生毕业后直接到实习企业上岗就业。实践教学的改革和应用,取得了较好的效果并深得企业和学生认同。

近三年来,重庆科创职业学院共有102名毕业生进入华晨鑫源,50多名毕业生被长城汽车重庆永川制造基地录用,部分已成为长城汽车储备干部,部分毕业生成为华晨鑫源的车间骨干。

五、结　语

当前,新能源汽车产业发展急需的人才在数量上的巨大缺口和在能力上的严重不足,迫切需要加快技能型人才培养实践教学的改革,特别需要校企协同育人机制的导入。重庆科创职业学院新能源汽车技术专业为满足产业发展对技能型人才的需求,在校企协同育人、实践教学改革等方面,作出了相应的改革和实践,取得了一定的效果;后期应密切关注国家职业教育改革的一系列政策,关注"1 + X"证书制度,关注学分银行等改革方针,更好地培养出满足新能源汽车产业用人需求的技能型人才。

参考文献

[1] 国家财政部.税务总局工信部《关于节约能源、使用新能源车船车船税政策的通知》(财税〔2012〕19号[E].北京,2012.

[2] 国务院《"十三五"国家战略性新兴产业发展规划》[E].北京,2016.

[3] 中国汽车工业协会.国内数据[EB/OL].[2019.11.30].

[4] 陈锐.浅谈新能源汽车专业实践教学改革与探索[J].南方农机,2019,50(13):220.

[5] 薛红华.新能源汽车专业实践教学课程体系构建研究[J].内燃机与配件,2019(18):279-281.

注:本文为重庆市高等教育教学改革研究一般项目"应用型技能型新能源汽车专业人才培养模式创新与实践"（193534）、重庆市教育科学"十三五"规划 2019 年度一般课题《基于产教融合的新能源汽车专业人才培养模式构建与实践——以重庆科创职业学院为例》（2019-GX-190）的阶段性成果之一。

新时代背景下 BIM 课程改革与探索

张玉红

重庆艺术工程职业学院

摘　要:新的教育时代背景和新的行业时代背景都对高等职业教育提出了新要求,为了更好地适应时代背景,培养高素质人才,教育改革与探索势在必行。本文对 BIM 课程在课程设置、课程内容、教学方法、评价体系、师资队伍等方面存在的问题进行了改革与探索研究。

关键词:时代背景;BIM 全生命期;BIM 课程;改革与探索

一、引　言

时代,是指历史上以经济、政治、文化等状况为依据划分的不同时期。不同时代的历史情况或现实环境为其赋予了不同的时代背景。不同的历史情况或现实环境又为同一时代赋予了多种时代背景。新的教育时代背景和新的行业时代背景都对高等职业教育提出了新要求,为了更好地适应时代背景,培养高素质人才,教育改革与探索势在必行。

二、时代背景

(一)教育时代背景

2017 年 12 月 5 日,国务院办公厅印发《关于深化产教融合的若干意见》(国办发〔2017〕95 号),明确提出推进产教融合人才培养改革。2019 年 1 月 24 日,国务院印发《国家职业教育改革实施方案》(国发〔2019〕4 号),用 7 个方面 20 项政策举措明确了办好新时代职业教育的具体行动,再次要求促进产教融合、校企"双元"育人。由此可见,新的教育时代背景对高等职业教育提出了新的要求。

(二)行业时代背景

2015 年 6 月 16 日,中华人民共和国住房和城乡建设部以建质函〔2015〕159 号印发了《关于推进建筑信息模型应用的指导意见》,明确提出发展目标,要求到

2020 年末,就企业而言,建筑行业甲级勘察、设计单位以及特级、一级房屋建筑工程施工企业应掌握并实现 BIM 与企业管理系统和其他信息技术的一体化集成应用;就项目而言,90% 以国有资金投资为主的大中型建筑和申报绿色建筑的公共建筑、绿色生态示范小区要使用 BIM 技术。2015—2019 年,住房和城乡建设部又相继发布了《建筑信息模型应用统一标准》《建筑信息模型施工应用标准》《建筑信息模型设计交付标准》等一系列国家标准。这一切都表明了 BIM 深度应用时代的到来。BIM 深度应用时代的到来无论是对建筑设计行业还是对工程造价、室内设计等行业都产生了巨大冲击。因此,高等职业教育 BIM 课程需要顺应新的行业时代背景,探索和研究更加可行的课程改革方案。

三、BIM 概述

2016 年 12 月 2 日,中华人民共和国住房和城乡建设部发布国家标准《建筑信息模型应用统一标准》,明确规定:建筑信息模型(building information modeling, BIM)是指在建设工程及设施全生命期内,对其物理和功能特性进行数字化表达,并依此设计、施工、运营的过程和结果的总称,简称模型。通过这一定义,我们不难看出,BIM 强调的是:第一,全生命期;第二,数字化表达。全生命期是指包括设计、施工、运营的过程和结果的整个动态生长过程,这一过程所涉及的专业多种多样,互相交叉渗透,对我们现有的专业教育提出了新的挑战。数字化表达,则突破了传统的二维、三维表达,将要求提高至四维、五维甚至多维,并且对多维之间的联动性、结果的物理性和功能性提出了要求,这又对我们现有的专业课程提出了新的挑战。

四、课程现状及存在的问题

(一)课程现状

国家对 BIM 的推动和行业对 BIM 人才的需求,促使我国各高校相继开设 BIM 相关课程,成立 BIM 教研室或实训中心,研究 BIM 相关课题,编写 BIM 相关教材,撰写 BIM 相关论文。我校于 2011 年开始培训 BIM 师资队伍,2013 年开始开设 BIM 相关课程,2013 年立项申请重庆市高等教育教学改革研究项目建筑信息模型技术(BIM)课程及其课程群的开发与建设研究,2015 年开始编写教材《Revit 建筑建模与室内设计基础》,并相继发表多篇 BIM 相关论文。2013 年,我校仅一个专业开设 BIM 课程,至 2019 年已增至四个专业开设 BIM 课程。

(二)存在的问题

第一,课程设置不够合理,开设范围仍需扩大。首先,BIM 课程与其他各专业课程之间的交叉探索很少。其次,当前 BIM 课程虽被定义为专业必修课程,但就像海中孤岛,与其他先行课程和后续课程之间的联系非常少,先行课程的知识讲解中几乎没有提及和使用本课程的知识,同时,后续专业课程中要求使用本课程的知识和技术的也几乎没有。最后,基础知识讲授课时和实践指导课时之间的比例不够合理,开展方式不够多样。同时,越来越多的专业应该探索 BIM 相关课程的开设方式。

第二,课程内容与行业、企业实际项目结合不够。虽然现有 BIM 课程教学内容多采用项目式教学,但教学内容所涉及的实践项目内容更新缓慢,与行业、企业实际项目结合的更是少之又少。

第三,课程教学方法不够多样。现有 BIM 课程以讲授加实践的方式展开的占多数,课程教学方法需进一步探索更多行之有效的渠道。

第四,课程评价体系单一。平时成绩加考试成绩的方式仍为主流,任课教师仍是成绩评定的单一主体。

第五,师资队伍能力有待提升。教师执教能力提升渠道及资源较少,与行业具体实践项目结合机会较少。

五、改革与探索

(一)"两条线"探索多专业多课程融合互通

"两条线",一条是纵向各专业紧密结合,从设计到施工到运维形成一条全生命周期生长线。BIM 全生命周期向各专业提出互相交叉、无缝衔接的培养要求;我们应该积极探索 BIM 课程,从设计专业开始,就要思考施工专业和运维专业的需要,将设计专业 BIM 课程成果提供给施工专业继续使用;施工专业在使用过程中遇到的问题又可以反馈给设计专业,同时施工专业成果又可提供给运维专业继续使用并再次反馈问题。另一条是横向本专业各课程之间的交叉结合,齐头并进串行线。BIM 技术某一环节涉及的具体专业所需要掌握的知识也是多种多样的,在这些专业知识的具体学习的课程中也应该涉及、渗透 BIM 知识,让 BIM 知识与技术被认知得更加全面,应用得更加广泛。

（二）依托行业优势，探索"N＋N＋1"课程内容体系

2019年，建筑职业教育集团和重庆艺术职业教育集团先后在我校成立，为BIM课程探索"N＋N＋1"课程内容体系创造了条件。笔者认为，BIM课程内容应分为基础知识和项目实践两大模块，基础知识模块先行，项目实践模块紧跟，两大模块互相配合，互相促进。其中，基础知识模块主要涉及基础建模、基础软件操作等零散知识点的学习和运用，这部分内容的学习需配以"N"个实践小练习，以提高学生动手能力，激发学习兴趣。而"N"个实践小练习应该从行业使用频率较高的实践应用节点中截取。项目实践模块是对基础知识模块中所学内容进行整合使用的训练。这一模块需要循序渐进、由易到难，使用"N"个小项目作为主要实践内容来进行，以逐步提高整合使用能力。然后，再以"1"个行业提供的大项目检验效果，进一步发现问题、解决问题。

（三）线上线下，探索"2＋2"课程教学方法

互联网的应用、数字技术的飞速发展、电脑的普及和手机的应用都对我们的课程教学方法提出了多样化的要求。"2＋2"课程教学方法中，第一个"2"是指线上线下两个渠道，第二个"2"是指专业教师和企业教师两个教学主体。网站、APP等线上渠道开设公开课程，为学生随时提供一对一基础知识讲解，解决课上课下的地域和时间局限问题。线下课堂主要解决学生学习过程中遇到的即时问题，重点讨论解决问题的办法。专业教师和企业教师则从知识角度和行业角度两个维度进行讲授和指导。专业教师重点负责"N＋N＋1"课程内容体系中的前两个"N"，企业教师则重点负责后一个"1"。

（四）考核、竞赛、证书，探索多渠道课程评价体系

平时成绩加考试成绩的方式仍然必不可少，任课教师仍应是成绩评定的第一主体。但与此同时，国家及行业为推动BIM的发展所组织的各种竞赛和资格证书考试也应该纳入课程评价体系中，不同证书对应不同积分。而成绩评定的主体也应该转为专业教师、企业教师等多个主体。

（五）齐头并进，探索全面提升师资队伍能力的方法

教学水平的提高，首先应从教师水平的提高开始，BIM深度应用时代的到来对师资队伍能力的全面提升提出了要求，要求我们培养全方位、兼顾多专业的师资力量，并且探索长效提升机制。笔者认为可以先从以下几个方面入手：第一，将BIM教师的培训纳入"国培计划"，从而促进BIM师资队伍能力的整体提升；第二，学校

和行业达成一致,要求 BIM 教师深入企业,真正接触、完成实践项目,接受行业检验,以经得起市场检验的一线项目的实际操作促进教师能力的提升;第三,制订激励措施,鼓励 BIM 教师参加专业竞赛,考取资格证书,促进能力的提升;第四,开展多校多专业交流,以交流促学习,达到共同进步。

六、结 语

时代需求,大势所趋,高等职业教育要把握机遇,大胆尝试,勇于探索,为培养适应时代所需、行业所求的创新应用型人才砥砺前行。

参考文献

[1] 柏国辉,陈蓓. 基于 BIM 技术的工程造价专业教学变革研究[J]. 居舍,2019(32):176.

[2] 陈凡. BIM 应用技术基础课程的教学改革[J]. 新乡学院学报,2018,35(9):65-68.

[3] 郑国营,刘宁. BIM 技术在工程造价专业教学中的应用研究[J]. 科教导刊(上旬刊),2019(9):101-102.

[4] 张圆圆. BIM 教学在建筑环境专业中的教学方案探讨[J]. 产业与科技论坛,2019,18(18):147-148.

《考工记》造物美学思想对设计教学的启示

褚丽美　张　梅

重庆轻工职业学院

摘　要: 春秋末期的《考工记》是中国现存最早的记述手工业的专著,被世人奉为我国古代传统技术的经典之作,书中不仅记载了我国古代各种工艺制作的科学经验,而且第一次提出了朴素的工艺美术观,揭示了设计艺术内涵思想,所述内容丰富而繁杂,为现代工艺美学研究奠定了重要的基础,具有重要的美术价值。本文主要对《考工记》的造物美学思想进行研究,挖掘中国传统手工技艺的设计思想和原则,研究现代设计的发展趋势,推动设计教学的研究思路。

关键词: 传统设计思想;造物思想;现代设计;教学启示

一、《考工记》的简介

《考工记》(图1)是我国第一部关于手工业技术的专著,主体内容部分编撰于春秋末年至战国初期,战国中晚期增补部分内容。本书原为周代讲述官制、表达治国方案的著作《周礼》(图2)的一部分。《周礼》原名为《周官》,约成书于春秋战国时期,是记录周代礼制的集大成者。《周礼》本由《天官》《地官》《春官》《夏官》《秋官》和《冬官》六篇构成,其中的《冬官》部分主要记述工艺制作和官制设置方面的内容。西汉时,《冬官》部分缺佚,西汉汉景帝的次子河间献王刘德以《考工记》一书补入《周礼》,以代缺佚的《冬官》。后刘歆校书编排时改《周官》为《周礼》,故《考工记》又称《周礼·考工记》或《周礼·冬官考工记》。

《考工记》是记述官营手工业生产规范和制造工艺的书籍,全书共7 100余字,记述了木工、染色、金工、皮革、刮磨、陶瓷等六大类三十个工种的生产技术和管理方面的制度规定。手工业品的类别包括兵器、乐器、装饰品、运输工具、炊具、食器、装饰品以及建筑等。《考工记》比较全面地反映了周代社会生活的各个方面,以及当时所达到的工艺技术水平。此书在中国乃至世界文化史上都占有举足轻重的地位,尤其是书中提及的"天有时、地有气、材有美、工有巧,合此四者,然后可以为良"等先进的造物思想与工艺精神对现代设计仍有积极的指导意义。

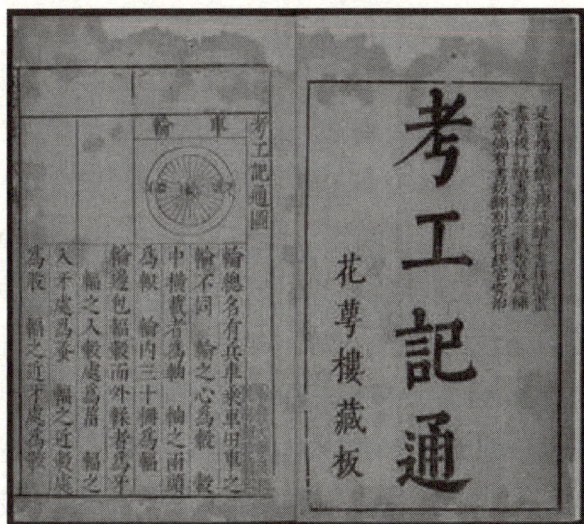

图1 《考工记》

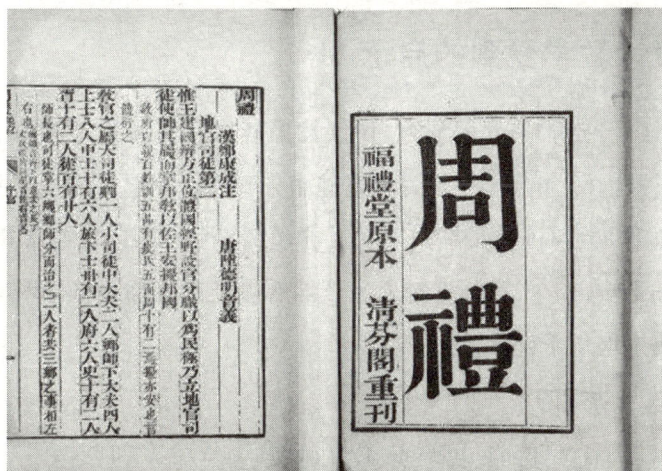

图2 《周礼》刻本

二、造物思想观的承变

中国古代璀璨的造物成就离不开先贤们在造物思想方面的引领,传统文化中所述的"造物"主要是指人类及其行为所产生的物质性的成果,中国古代造物设计是传统人文学科与自然学科之间相互影响、相互融合的特殊体,承载了古人对已知世界的认知与利用,也承载了古人对未知世界的精神探索。造物思想是人类社会文明的开端,也是人类社会形态的重要标志,对物之"用"的需求,到物之"造"的行为的探求,使得人类在生存发展过程中繁衍兴盛。

《考工记》中所蕴藏的造物思想不仅呈现于造物的原则中,也具体到工艺规程和器物的象征表达上。《考工记》提出:"天有时,地有气,材有美,工有巧,合此四者,然后可以为良。材美工巧,然而不良,则不时,不得地气也。"意思是:只有将"天时"、"地气"、"材美"、"工巧"四个条件联系起来,所设计制成的器物才称得上是设计中的精良之品。后面一句强调了在天、地、材、工四者中,天时和地气的关键性作用。这也就意味着精良的造物首先应满足"天时"和"地气",做到遵循万物的规则,顺应自然的发展,在此之上发挥人们的主观能动性,从而体现"天人合一"的造物境界。这种造物思想为当时的工艺技术提供了评价原则,同样也成为中国最早的系统的工艺设计造物思想;这种造物思想从宏观上看待工艺设计,把造物活动看成整个自然系统的产物,是中国古代造物设计朴素辩证思想的体现,也是"天人合一"思想的集中体现。

三、现代设计教学受到的启示

对于《考工记》造物思想的研究,仅仅发掘其思想内涵是不够的,我们还应该汲取先贤留下的内涵、精髓,使设计更好地服务于设计教学实践。在古代,"材美""工巧"等思想作为当时造物的基本原则,在丝绸、生活器具、青铜器等领域都产生过极其重要的影响,如今,这种造物思想依然有着新的生命内涵,我们更应提取其现代价值并更好地用于设计教学中。

(一)形式与功能的统一

在现代设计中,一件优良的产品承载、融合了各个方面的因素。"材美""工巧"的造物思想在现代设计中形式和功能的关系方面起着指导性作用。当今很多设计师过多地追逐设计中的形式美而忽视了其本源的功能性,或者为了利益的最大化而妥协于市场,最终以"为美而美"或"为利而美"的设计理念为导向,这些与《考工记》中所揭示的设计精髓是背道而驰的。《考工记》中记录大量不同工种的技术,这是由于其所处的历史阶段对器具的要求首先是满足其使用功能,这体现了"致用"的思想,而在"致用"的基础上,《考工记》提出了"致用"的升华,即在满足技艺要求的同时追求手工艺品的造型。

在现代设计中,我们也应当合理权衡,寻求二者的统一。《考工记》中"材美工巧"是对审美和致用之关系的探讨。同样,我们在现代设计过程中也应注重形式与功能的相互依附、相互促进。

(二)人本位的设计思想

《考工记》不仅记载了工艺的方法,更重要的是通过人的主观创造实现了为人服务的造物设计活动,虽然在书中并没有明确地记录"以人为本"的思想内涵,但是在工艺描述中都体现了人文关怀的造物设计理念,如书中所述:"轮已崇,则人不能登也……六尺有六寸之轮,轵崇三尺有三寸也,加轸与轐焉,四尺也。人长八尺,登下以为节。"意思是车轮子的尺寸和设计都要符合人的比例;"凡为弓,各因其君之躬志虑血气",阐明制造弓箭要根据人的身材比例、意志、性情而设计制作,不仅注意工艺制造中的个体差异,更要关注人们的精神层面。《考工记》在制作工艺和规范上都是从人的角度来考量的,既注重人和物之间的尺度关系,又不忽视人的精神感受,体现了人和物之间的和谐关系,虽然受当时等级制度的制约,但仍然具有进步意义。

现代设计越来越社会化和系统化,"以人为本"的设计就要求设计者不能只是单一的设计人员,在设计过程中不仅要考虑设计的外在形式美感,还要从人的角度出发,把人的心理、情感和感受等因素考虑进去。以人为本的思想使现代设计更加完善。

(三)崇尚自然的设计理念

《考工记》所传达的古代造物原则,一方面是追求人与自然的联系,而另一方面则是要求发挥人的主观能动性,这是所处历史阶段"天人合一"思想的体现。"天人合一"产生的背景使我们认识到设计的发展要顺应时代的发展,考虑当下人们的需求,并寻求人和自然之间的平衡。《考工记》在开篇中提到"审曲面势,以饬五材,以辨民器,谓之百工",这是对工匠的职责范围的描述,"斩三材必以其时",强调取材必须顺应天时,否则不成其材。"天时""地气""材美""工巧"是指古人把自然环境和社会环境当作造物过程中的重要因素,也是"天人合一"思想的集中体现。"天人合一"的和谐思想顺应了所在的历史环境,反映了当时的社会需求,同时也是中国传统文化中的核心之一。

对"天人合一"思想的阐释,以及将其向现代设计教学的渗透,使得现代设计既注重"人"又注重"自然",在更好地继承和发展中国的传统文化的同时,能够更好地传递"天人合一"的思想,崇尚自然设计理念,使人与自然协调发展,也引领现代设计以及设计教学的发展走向。

四、总 结

　　《考工记》的造物思想在我国造物思想发展史上具有里程碑意义,其"以人为本""天人合一""材美工巧"等思想对现代设计过于追逐设计形式、以利益为主体、挪用抄袭他人设计、摒弃传统文化内涵等现实问题具有指导价值。我们应在设计教学中引导学生认识到设计不仅仅是表象的设计,而应是溯本求源的探求。虽"天时""地气"或许已经不再是良器制作的决定性因素,但"材美工巧""天人合一"和"以人为本"等《考工记》所倡导的科学合理的造物设计理念应在现代设计背景下被传承。潜心研究传统造物思想之承变,传承文化精髓,重塑文化精神,正是现代设计发展的必由之路。

参考文献

[1] 翟墨. 人类设计思潮[M]. 石家庄:河北美术出版社,2007.

[2] 魏华,职秀梅,邓德祥. 中国设计史[M]. 北京:中国传媒大学出版社,2013.

[3] 刘道广,许旸,卿尚东. 图证《考工记》:新注、新译及其设计学意义[M]. 南京:东南大学出版社,2012.

[4] 肖屏.《考工记》设计思想探析[J]. 武汉纺织大学学报,2005,18(7):41-44.

[5] 葛瑞瑞.《考工记》中和谐的造物思想[J]. 艺术科技,2014(11):159-159.

[6] 王俊俊. 浅析《考工记》中"材美""工巧"思想对现代设计的影响[J]. 艺术科技,2014(4):266.

[7] 赵晓涵.《考工记》工艺美学思想与包豪斯精神[J]. 管子学刊,2015(2):99-103.

[8] 黄晶晶. 中国传统造物设计思想探源——《考工记》简析[J]. 艺术生活-福州大学厦门工艺美术学院学报,2014(3):35-36.

[9] 许晓燕. 材美工巧——《考工记》造物思想的现代启示[J]. 艺术教育,2011(7):141.

通识教育观念下素质教育的诠释和展开
——来自重庆经贸职业学院的实践

岳喜克

重庆经贸职业学院

摘　要：通识教育旨在为受教育者提供通行于不同人群之间的知识和价值观。此观念已成为当代高等教育的共识。高等职业教育，显著不同于基础教育和社会技能培训，其首要的特征是高等性。重庆经贸职业学院近年来持守通识教育观，树立了大课程观，确立了个性化培养机制，以培养创新型高素质人才为目标，有效展开和实施了素质教育。

关键词：通识教育；素质教育；课程观；个性化培养体制

中文"通识教育"一词主要由美国的"general education"翻译而来，同时也汲取了古希腊"liberal education"的思想精髓。在不同的历史时期、不同的国家和地区，"general education"曾有多种译法。如在中国大陆曾译为通才教育、普通教育、一般教育；在中国港台地区，曾称作宏通教育、通才教育、全人教育、通识教育；移植到日本则被称为教养教育。古希腊的"liberal education"，中文曾译为自由教育、博雅教育。因此，上述种种概念都与"通识教育"有关，并被不同的人群使用着。直到20世纪八九十年代，"通识教育"这一概念才在我国得到普遍认同，并逐渐流行开来。

通识教育旨在为受教育者提供通行于不同人群之间的知识和价值观。此观念已成为当代高等教育的共识。在普通高等教育领域，通识教育正得到越来越多的关注，宽口径的通识教育模式渐成主流。

经过跨世纪的研究与实践，中国高等职业教育界已经在课程体系、教学内容、教学方式、教材建设、教学评价等多项教学建设和改革方面取得了长足的进步，获得了众多研究成果。但长期以来，我国大学专业教育价值观受苏联的影响较大，在整体人才培养体系上，高等职业教育纠结于"类型"还是"层次"，缺乏独立的坚定的价值体系或观念体系，"社会和岗位适应性"疲于奔命的追求、过于频繁无序的专业设置和培养定位,造成大量教育教学资源的重置和浪费。尤其是课程和教学的整体设计,出于对"教学过程与工作过程对接""教学内容和工作内容对接"的狭隘理解,在教育价值观上,高职教育尚未跨出"就业教育"的功利主义羁绊和短视。

一、学校高职教育的适切定位

持守通识教育价值观,以素质教育本位引领创新型人才培养,是学校高职教育的适切定位。

高等职业教育在规模扩张的表面繁荣下,仍无法回避这样一个严酷的现实困境,即过分精细的专业划分和培养规格定位与学生全面发展的抵牾。

强调专业划分,把学生的学习限制在一个狭窄知识领域,不利于学生全面发展。因为社会生产的发展日新月异,旧工作岗位不断消失,新工作岗位不断出现,而高等职业教育中专业的变化,无法跟上社会职业的变化,专业培养规格定位的"适应性"调整,无法及时回应社会需求。因此,应对工作岗位和社会需求的变化,培养学生的一般能力、综合素养和创新素质,似乎比专业化更为有效。

重庆经贸职业学院认为,高等职业教育显著不同于基础教育和社会技能培训,其首要特征是高等性。从教育人本的角度,持守通识教育观念,即在现代多元化的社会中,为受教育者提供通行于不同人群之间的知识和价值观非常重要。高职教育的首要和核心任务是形塑人格和培养心智。学校的全部教育目标可概括为:通过提供一种共同而又广泛的教育,提高大学生的文化素养,促进其个性自由、全面发展,使之成为创新型高素质公民。

二、学校高素质创新型人才培养的整体设计和核心元素

基于对国际竞争和科技文化发展趋势下的人才需求、高等教育使命、学校定位、学生需求之间的关系的系统分析,以内部质量保证体系诊断与改进为契机,通过教育思想大讨论、国内外经验调研、专业和课程诊改的实践,重庆经贸职业学院构思了一套以教育思想、多元模式、大课程观、师生互动及质量保障等为核心元素和开放办学为主要支撑条件的人才培养体系。

(一)大教育观

基于对"人本主义"和"全面发展"的理解和把握,"形塑人格,培养心智"成为学

校教育的首要任务和核心任务。具体而言,适应于所有专业的培养定位可具体为:

(1)培养学生的基本能力,使学生具有沟通、思考、判断和一般专业能力,掌握批判性思想和建设性思维的技能和习惯(创新意识、创新精神、创新思维和创新能力)。

(2)加强学生对社会、经济、政治、文化等各领域的认识与了解,做有知识、负责任的公民;培养学生对社会的关怀意识,使学生成为积极参与社会活动、解决社会问题的现代公民。

(3)加强学生对自身的了解,启发人文素养,提高个人的品质,使学生对自己的人生意义及价值有完整的认识及预期。

(4)培养学生成为具有世界观的公民,使学生不仅了解自己所生存的社会,还能了解自身与他人、与宇宙自然的关系,接纳和探索其他文化。

(5)加强学生对人类历史、文明的了解,使学生能鉴往知来,为未来做准备,进一步学习各种所需的知识与技能。

(6)加强伦理与道德教育,强调学生对伦理与道德的思考,使其在面临道德问题时,能作出敏锐的判断与正确的选择。

(二)大课程观

人才培养的主要教育载体是课程。高职传统课程教学偏重课堂教学和课内经验,课程交叉融合不足,教学内容虽重实践,但大多囿于师资水平和实践条件,流于碎片化和形式化;教学方式以教师为中心,在一定程度上限制了学生将知识有效发展为创新意识和创造能力;日趋狭窄的专业课程体系占据大部分学时资源,无法适应知识激增和需求变化的形势,全方位的素质教育展开受限。

学校以大教育观为引导,构建了大课程观。在认真分析高职学生学习动因、主体意识、学习策略、教学资源利用等基本规律的基础上,学校认为高职教育对学生终身学习产生重要影响的是综合素质和可持续学习的能力,显课程之外的潜课程对学生的全面发展影响更加深远,教学质量的校际差异核心在于校园文化氛围。在此基础上,学校以潜课程(社团活动、社会实践等)丰富教学体系和教学内容,强调让学生在学习课内知识的同时获得丰富的课外经验,以"做中学"的思想设计"课内—课外""书本—实践""课堂—生活"有机结合的课程。学校诊改工作展开以来,确立了通识教育的基础性和全局性地位,课程体系和教学内容的整合确立了以下基本方向:①从必修到选修:提供基于个性的教育;②从书本到实践:提供基于生活的教育;③从专业到综合:提供基于能力的教育;④从边缘到核心:强化人文的素养教育。在公共课程的建设和改革中,基于学生是学习主体的意识,学校人文科学学院面向所有专业推出"四千三百计划",有效助推了"办公能力""沟通能力""语言表达"等显课程的实践化和高覆盖率。

(三)个性化培养体制

积极推进考核评价方式的变革是素质教育的关键。学生层面诊改工作展开以来,学校加强了学生个性化发展的制度保障。

(1)教学考核评价改革

基于对一般能力和创新教育的把握,学校教学考核评价确立了以下基本方向:①从知识掌握评价到学习行为改进评价;②从专业概括性综合评价到专项评价、个性化评价;③从专业成绩终结性评价到过程性评价。

(2)"学分银行"和"课程超市"

通过"平台—模块"式课程结构,学校确立了公共课分层教学和实践化,专业二次选择,学分置换,跨校、跨专业选课,特长班,重修等分流培养方案,建立了以素质评价为价值定位、以素质学分为基本计量单位、以信息化为基本手段,对学生进行素质评价和学业管理的教学管理制度,保障学生的自主学习和个性化发展。

三、学校高素质创新型人才培养的体系保障

人才培养的重要实践命题是人才培养的构成要素,其中教学体系内部宏观—中观—微观教学设计不配套等系统层面的问题是显性问题,其背后是人才培养的制度和体系缺陷。如果教学管理条块分割、教学部门和学生工作部门不协调,人才培养虽线性设计良好,但仍难出系统协同效应。为此,在教育教学质量的体系保障上,学校近年来的组织管理体制改革成效显著。

学校以二级部门预算管理为起点,进一步明确了管理体制,并打破现行的集中管理模式,按照分层分工、重心下移原则,实行校、院系两级管理,建立权责明确、运转协调、精干高效的管理体系,为不断提升人才培养质量、办学水平和办学效益奠定了切实的基础。

近来,尝试进行扁平化管理改革的重庆经贸职业学院,通过压缩横向组织规模,增加管理幅度,调整机构设置,减少和调整中间层,按工作任务设岗,厘清管理职能,明晰管理职责,进行工作团队化设计——跨部门、跨层次组建横向结构组织,

全员全岗目标管理和绩效考核等实质性举措,大幅提高了管理效能,理顺了工作程序,使学院的组织管理工作向科学化、合理化和现代化方向发展。

系统的管理体系改革在教学管理上实现了三个转变:从刚性到弹性的转变、从粗放到精细的转变、从被动约束到主动引导的转变,形成了个性与多元相融合、弹性与开放相适应的新局面,有力地保障了教学中心地位,有效调动了教师教学和学生学习两个积极性,确保了培养质量。

参考文献

[1] 顾明远,等. 教育大辞典[M],上海:上海教育出版社,1986.

[2] 罗军强,方林佑. 高等学校通识教育探索——基于高等职业教育的研究[M],北京:北京理工大学出版社,2013.

[3] 杜威. 国民教育和民主主义[M].邹恩润,译.北京:商务印书馆,1928.

PLC 控制系统在海上油田生产中的应用

孙绍丹　唐俊冰　罗　飞

重庆轻工职业学院

摘　要:随着海上油田生产技术的不断成熟,各种先进的生产技术在海上油田生产装置中得到广泛的应用。其中,PLC 控制系统由于具有良好的稳定性、扩展性及兼容性等,目前在海上油田生产装置中广泛应用,在保证油田安全生产的同时极大提升了生产效率。本文对 PLC 控制系统在海上油田生产装置 FPSO(浮式生产储油轮)的应用进行阐述。

关键词:PLC 控制系统;海上油田;FPSO;应用

PLC 是可编程逻辑控制器(Programmable Logic Controller)的简称,本质是工业控制的计算机。其硬件组成主要有电源、CPU、存储区、输入输出接口及功能模块等。近年来,PLC 控制系统在油田生产方面的应用越来越广泛,油田生产的自动化程度也越来越高,不仅极大提升了油田生产运行效率,也保障了油田的安全生产,为石油企业带来了巨大的效益。

一、PLC 的特点

(一)功能强大

PLC 的功能非常强大,具有丰富的信息处理指令系统,不仅可进行各式各样的逻辑处理,还可进行各种数据类型的运算。其内部的数据存储区不仅可储存大量数据,且种类繁多,可满足不同类型的使用要求。PLC 的通信接口可与其他设备进行通信或联网,组成功能强大、地域更广的控制系统。PLC 还具有强大的自检功能,可进行自诊断,为日常维护提供方便。

(二)使用方便

PLC 的硬件是高度集成化的,已集成为不同类型的小型化模块,实现了系列化与规格化,使用 PLC 进行控制主要有以下五个特点:

(1)配置方便:PLC 的各种配套硬件产品都已经实现了标准化、系列化、模块化,可根据现场的需求,灵活进行 PLC 系统配置,通过接线端子或通信接口连接外部设备,组成功能不同、规模不同的多种控制系统。

(2)安装方便:PLC 控制系统硬件基本上都已实现模块化,在现场安装控制柜方便,接线简单,各模块之间通过底板或通信线进行通信,外部无须接线。

(3)编程方便:PLC 控制系统编程一般采用梯形图、功能块图、语句表等,这些编程方式简单便捷,对编程人员专业知识要求不高。目前,市面上的 PLC 基本上都可实现模拟仿真,对 PLC 控制系统的调试非常方便。

(4)维修方便:现在 PLC 控制系统硬件抗干扰能力强,工作稳定,可靠性高,IEC 规定 PLC 平均无故障时间为 10 万小时,PLC 使用软元件代替大量继电器,仅有少量与 I/O 有关的接线。

(5)换型方便:如果 PLC 的性能已无法满足现有工况,那么对 PLC 控制系统的升级已很方便,只需要更换相应的硬件,修改部分软件即可。

(三)工作可靠

PLC 在软件和硬件上采取了多种措施,保障其能够稳定可靠地工作。在硬件方面,PLC 的 I/O 通道采用光电隔离,抗干扰能力强,CPU 板采用了屏蔽措施使之拥有抗电磁干扰能力;PLC 硬件在结构和制造工艺上采取的多种措施,均确保了 PLC 耐振动、耐冲击、工作温度范围宽等优越性。在软件方面,PLC 采取循环扫描加中断的方式工作,确保 PLC 对应急情况的及时响应;PLC 系统内置"看门狗"监控程序、自检程序等,正是 PLC 在软、硬件等多方面的可靠性措施,才保证了 PLC 工作的可靠性。

(四)性价比高

PLC 控制系统的成本比相同功用的继电器系统成本低很多,不仅体积小、占地空间小,而且通过简单地编程,就可实现复杂的控制功能,还可通过通信接口与其他系统连接,实现分散控制、集中管理等。

二、PLC 控制系统在海上石油生产装置 FPSO 中的应用

(一)PLC 在单点油封系统中的应用

FPSO(浮式生产储油轮)的单点系泊系统主要有两个功能:为油轮提供系泊点和原油输入通道,其中单点的油封控制系统专门负责为单点油滑环提供密封液压和执行密封液压的监控、报警、关断功能,还负责监控单点内砖塔的扭矩。采用三

菱 A 系列 PLC 时,PLC 程序主要控制五个阀和六个泵;其中五个阀是末端密封阀、上部动态密封阀、上部静态密封阀、下部动态密封阀、下部静态密封阀;六个泵是初级主泵、初级备用泵、二级主泵、二级备用泵、循环泵、存储泵。除此之外 PLC 程序还控制一些相关的报警信号。单点油封系统的人机界面采用三菱的 E300,通过 GX Developer 编写相关的执行程序,通过现场压力变送器的信号控制阀的开关和泵的启停,以及执行相应的逻辑关断功能,并通过 RS485 将 PLC 内部相关信息传输至生产 DeltaV 控制系统,起到远程监控的作用。该油封 PLC 控制系统使用 16 年来,从未发生过任何硬件相关的故障,一直安全稳定地运行,保障油田的生产。

(二)PLC 在燃气压缩机系统中的应用

FPSO(浮式生产储油轮)的工艺模块由两台燃气压缩机组成,采用一用一备的模式,两台压缩机之间的公共信号采用二极管进行隔离。燃气压缩机系统处理的气体主要供以下用户使用:透平发电机组、热介质锅炉及火炬长明火。燃气压缩机的主要功能是将来自经过一级分离器处理后的燃气通过往复式压缩机把气体压缩至 2100KPA。其控制系统采用 Rockwell 公司生产的 RSLogix5000 系列 PLC。PLC 程序主要通过现场温度、压力、阀位反馈等信号控制吸入阀、泄放阀、公共排出阀、公共泄放阀、公共压力控制阀、公共温度控制阀、后冷却器控制阀这七个阀,使用 AB 的触摸屏实现系统的监测与报警功能。PLC 控制系统通过 SST 模块与中控 DeltaV 系统进行 Modbus 通信,由于中控只是监测 A、B 两台燃气压缩机状态,所以现场采用并联的方式将两台燃气压缩机、膜处理设备组成一个 Modbus 网络来协同工作。

(三)PLC 在热介质锅炉系统中的应用

FPSO(浮式生产储油轮)设置有三台热介质锅炉,通过燃烧天然气或柴油,不断向热介质补充热能,为各热油用户提供稳定热源。其控制系统采用 Rockwell 公司生产的 RSLogix5000 系列 PLC,PLC 通过检测来自锅炉的温度、压力、流量等信号,控制热油循环泵、燃烧器等,在程序中通过 PID 算法控制燃气蝶阀和风门的开度,从而使热油出口温度稳定在设定值范围内。由于锅炉属于特种设备,PLC 程序中设置了安全联锁控制,对于影响锅炉正常运行的信号都将引起锅炉的关停,该系统使用 AB 公司的触摸屏实现系统的控制、检测与报警功能。系统通过 RS-485 信号与其他两台锅炉及中控 DeltaV 系统通信,PLC 可接收来自中控及本地的关停信号,实现锅炉系统的安全关停。

(四)PLC 在惰气发生系统中的应用

FPSO(浮式生产储油轮)设置有两台惰气发生装置,采用一用一备的模式,该系统可工作于四种模式:惰气发生模式、锅炉尾气模式、混合模式和空气注入模式。该系统的作用主要用于货油舱的补压,使货油舱的气体含氧量保持在爆炸下限之下,同时对货油舱施以正压保护,常用于原油外输期间、避台恢复生产之时。PLC 控制系统采集惰气发生器的温度、压力、状态等信号,通过位于中控的触摸屏控制甲板水封泵、冷却海水泵、鼓风机、柴油泵、控制阀等,在程序中通过 PID 算法控制柴油回流阀及惰气出口阀来调节惰气含氧量,只有当含氧量合格后才可进入货油舱。

(五)PLC 在火气系统中的应用

FPSO(浮式生产储油轮)设置有两套火气系统:一套调控火气系统,主要负责生活楼、机舱、泵舱、LPG 中心撬、船头单点等区域的火气监测;一套生产火气系统,主要负责原油处理撬块火气监测。两套火气系统各自独立监测对应区域,并且部分火气触发信号通过硬线相互连接。现场的 MFS 手动报警站(DI 输入)、可燃气探头(AI 输入)、火焰探头(AI 输入)、烟雾探头(DI 输入)、喷淋阀(DO 输出)等接入 AB PLC 的输入/输出卡件,PLC 程序主要通过采集现场各探头的报警信息,通过程序的逻辑表决,给现场的喷淋阀、消防泵、FPS(设备保护系统)、声光报警器等输出控制信号。此外,火气系统还与中控 DeltaV 系统进行 Modbus 通信,可在中控 DCS 操作站上对各火气探头进行单个信号旁通,或对某个区域进行信号旁通;并且可在操作站上对火气系统的报警进行抑制或复位等。

(六)PLC 在设备保护系统中的应用

FPSO(浮式生产储油轮)设置有一套 FPS 设备保护系统,该系统采用两套互为冗余的 AB PLC 进行控制,若主 PLC 出现故障,则直接切换到辅 PLC 进行控制。FPS 系统采集现场液位开关信号、压力开关信号、温度开关信号等 DI 信号,正常情况下这些信号采集到 PLC 中都是为 1,当出现异常情况时,DI 输入变为 0,PLC 程序通过逻辑处理,产生相应级别的关断信号,控制现场的 SDV 关断阀、BDV 放空阀。正常情况下,SDV 关断阀打开,BDV 放空阀关闭,PLC 输出 DO 信号控制对应阀的电磁阀,异常情况下,PLC 输出的 DO 信号为 0,从而导致现场电磁阀失电,泄放掉控制气源,SDV 关断阀关闭,BDV 放空阀打开,从而保护现场设备的安全。PLC 除了检测现场各压力、温度、液位等开关的状态,还对 SDV、BDV 阀的位置反馈进行检测,若对应阀门的位置反馈不正确,则会输出相应的报警信号,提醒中控操作人员去现场检查阀门位置组态,从而保证现场工艺的安全生产。

三、PLC 的常见故障及处理方法

(一)硬件故障查找

一般来讲,PLC 由控制器模块、I/O 模块、通信模块、网络模块、接口模块五大模块组成。而控制器模块是整个 PLC 系统的核心,故障现象一般会通过控制器反映出来,控制器面板指示灯如图 1 所示。

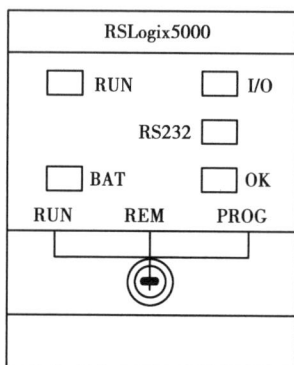

图 1 控制器面板

RUN 指示灯:熄灭,没有任务在运行,控制器处于编程方式或测试方式;绿色,有一个或多个任务在运行,控制器处于 RUN 方式。

I/O 指示灯:熄灭,没有组态 I/O 通信;绿色,与所有组态设备通信正常;绿色闪烁,有一个或多个设备未响应;红色,闪烁,没有与任何设备通信;控制器故障。

OK 指示灯:熄灭,要连接电源;绿色,闪烁,可恢复故障;红色,闪烁,控制器故障、清除故障、清除内存,更换控制器;绿色,控制器正常工作。

RS232 指示灯:熄灭,未激活;绿色,正在接收数据或传送数据。

BAT 指示灯:熄灭,电池可以支持内存;红色,电池不支持内存,或没有电池,或需要更换电池。

(二)利用编程软件 RSLogix5000 查看故障

(1)将光标置于 Controller Quick Start 之上;

(2)单击鼠标右键并选择 Properties(属性);

(3)选择 Major Faults(主要故障)选项或 Minor Faults(次要故障)选项即可查看当前故障信息。

(三) 故障处理

一般来讲,控制器主要检测三种故障类型:硬件故障、主要故障和次要故障。

硬件故障:控制器硬件产生故障。控制器将被关闭,用户必须修理或更换控制器。

主要故障:一种硬件或指令故障。产生故障时将置位主要故障位并处理逻辑故障程序以试图清除故障条件。如果故障逻辑程序不能清除故障,将停止执行逻辑程序,控制器停止,输出进入组态状态。

次要故障:一种硬件或指令故障。产生故障时将置位次要故障位,但允许继续进行逻辑扫描。

四、总　结

随着科学技术的迅猛发展,PLC 控制系统凭借良好的稳定性、兼容性与扩展性,在海上油田生产中得到了广泛的应用,保证了油田现场安全稳定生产,为生产企业取得了良好的经济效益。在信息化与自动化迅速发展的背景下,PLC 在海上油田生产中的应用将会越来越广泛,不断提升油田现场的工作效率。

参考文献

[1] 杨俊清, 刘斓, 段清龙. PLC 控制系统在油田生产中的应用[J]. 中国高新技术企业, 2015
　　(1); 56-57.

[2] 胡文娟. PLC 控制系统在油田生产中的应用探析[J]. 化学工程与装备,2015(8):109-110.

注:本论文为 2018 年度重庆市高等教育教学改革研究项目成果,该项目受重庆市教育委员会批准,项目名称:PLC 实习(实训)基地建设研究研究,项目编号:183329。

高职院校在幼儿园 STEAM 教育需求导向下的人才专业建设研究

赵　猛

重庆传媒职业学院

摘　要:2015 年 9 月,教育部在有关教育信息化的指导意见中明确指出要探索 STEAM 教育。STEAM 教育通过科学、技术、工程、艺术、数学之间的相互融合,对幼儿个体发展及未来创新型、科技型、融合型人才的培养意义深远。研究发现,目前国内应对幼儿园 STEAM 需求导向下的高职院校人才培养存在教师队伍素养参差不齐、缺乏相应政策体系、各方教学资源整合不足等现象,导致了高职院校教师在开展相关教学时学科知识整合不足、照搬照抄现象普遍等问题。文章基于上述问题,针对高职院校学前教育专业提出加强教师入职前后的培养、建立国家相关政策体系以及整合教学资源力量的建议,以期我国高职院校在应对幼儿园 STEAM 教育需求导向下的专业人才培养更加有效、科学。

关键词:STEAM 教育;学前教育;高职院校;整合

1986 年,美国国家科学委员首次提出"科学(Science)、技术(Technology)、工程(Engineering)和数学(Mathematics)教育集成"的纲领性建议并发展成国家战略,旨在通过开展 STEM 教育促使更多的学生在高等教育就读阶段选择与之相关的学科,从而保持美国在科技创新与国际竞争力上的领先地位。进入 21 世纪之后,艺术(Art)作为一个重要因素加入了 STEM,主要指语言、艺术等人文属性层面的内容,STEM 因此变得更加全面。此外,近些年 STEAM 教育已经得到了国内外教育界的广泛认可。

一、高职院校开展 STEAM 教育的现状与意义

近些年来,STEAM 教育在全球范围内不断扩展,各国展开了丰富的研究与实践。《2017 新媒体联盟中国高等教育技术展望:地平线项目区域报告》明确指出:STEAM 学习的兴起将是短期内我国教育技术的重要发展趋势之一。此外,在 2018

年8月,教育部、财政部、国家发展改革委制定印发的《关于高等学校加快"双一流"建设的指导意见》也明确提出要加强创新创业教育,而 STEAM 教育的出现对我国培养创新型人才、应对国际竞争力带来了新的机遇,可以预见 STEAM 教育将迅速在我国教育教学领域火热起来。

相较于其他国家而言,我国在 STEAM 教育方面起步较晚,相关的理论和实践研究并不完善,国内现有的 STEAM 教育教学的实践研究及应用仍需加强,尤其是在 STEAM 的相关课程开放方面,研究内容浅显单一,且多围绕计算机、机器人、创客等领域开展,对能够真正解决实际问题的研究较为缺乏。此外,相关教学活动的受众群体多为基础教育阶段的学生,而针对高职院校学前专业的研究和开发或者是高职院校人才培养阶段的 STEAM 教学活动较少,同时也缺少专业教师队伍。本文分析阐述了目前高职院校在幼儿园 STEAM 教育需求导向下的人才专业建设开展 STEAM 教育教学的理由与现状,以期为之后高职院校开展幼儿园阶段的 STEAM 教育教学研究提供新的思路,并吸引更多的研究者关注、参与高职院校学前教育专业的 STEAM 教育。

二、高职院校在幼儿园 STEAM 教育需求导向下的人才专业建设现状

高职院校实施 STEAM 教育时主要出现了如下问题:

(一)政策体系缺乏

在影响高职院校在幼儿园 STEAM 教育需求导向下开展相应课程体系的因素中,政策体系的缺乏显得尤为突出。缺乏相应的国家标准或者政策体系对此进行规范、对比,导致很多高职院校不敢开展、不知道如何开展 STEAM 教育。缺乏相应的政策评价体系和标准,对于高职院校教师来说,就很难保证其教学方式符合当前幼儿园 STEAM 教育需求下专业人才的培养要求,对于教学工作来说充满了挑战。

(二)教师教育素养参差不齐,对 STEAM 教育的系统理论知识掌握不足

在教师素养方面,由于高职院校教师的学历层次、学习领悟能力不同,高职院校实施专业人才培养和 STEAM 教育时出现了各种难题,主要体现在 STEAM 教育专业素养及理论学习不足和教学实践经验匮乏两个方面。

1. STEAM 教育理论知识薄弱

现阶段,STEAM 教育在国内仍处于尝试、探索的阶段,在高职院校教师队伍中,STEAM 教育存在以下情况:只有少数高职院校会进行关于 STEAM 教育系统的

培训与实践,大多数高职院校还停留在通过网络学习 STEAM 教育理论知识的层面。此外,还有部分高职院校教师队伍仅在外出学习的时候听说过 STEAM 课程,但是还没有机会进行深入学习,再加上缺乏入职后的相关培训,高职院校教师队伍在开展 STEAM 教育时遇到了很大的问题。

2. 运用时照搬照抄现象严重

无论是国家还是地方,STEAM 教育都已经在各行各业中得到积极应用,大多数中小学也引入了 STEAM 教育理念,但在幼儿教育阶段还缺少更为深入、细化的研究。尽管在分析文献以及学前领域的相关专业会议中,STEAM 教育理念已被部分幼儿园引入,但在高职院校方面,如何引导我们的学生结合本校特色,实施开展适合各年龄阶段幼儿发展的 STEAM 教育,仍然是当下存在的一个重要问题。目前很多刚开始实施 STEAM 教育的高职院校,缺乏优秀教学案例,在活动的设计、开展过程中一味地模仿,并且缺乏相关专家的引领,导致运用时照搬照抄现象严重。

3. 开展 STEAM 教育活动时学科基础整合不足

STEAM 教育更强调整合取向,并且以工程活动为主要内容,通过与其他学科的知识和技能的联合、运用来培养学生的 STEAM 素养,促进其解决实际问题的能力。同时,在 STEAM 教育中,每一个学科的内容对学习者的知识建构都起着重要的作用,其中,科学是探究学习的基础,数学是探究科学知识和解决工程问题的工具,工程和艺术又是理解科学技术提供形象具体的客观载体。我国《幼儿园教育指导纲要(试行)》(以下简称《纲要》)也明确提出并且强调要加强不同课程内容之间的有机联系。目前,高校课程多以分科教学为主,在实施 STEAM 教育时,因为涉及科学、工程、技术、艺术、数学等多个维度,所以在实施过程中很容易只涉及一个方面或者两个方面,缺乏多个维度的整合。

(三)教学资源的缺乏

1. 高职院校 STEAM 相关教育资源的缺乏

高职院校 STEAM 相关教育资源的缺乏主要分为以下两个方面,一方面是教学资源、物质材料的缺乏,另一方面是高职院校中实施 STEAM 教育的专业人才的缺乏,但无论是哪个方面,都影响了高职院校 STEAM 教育的开展。STEAM 教育比起传统的教育更加强调活动的主题性、整合性、创新性等,更加强调实践参与,所以活动在开展时,会持续一定的时间并且需要一些相应的物质材料、工具等,而相关物质材料、工具等的缺乏都会导致活动时间的延长,甚至无法得以继续进行。同时,

STEAM 教育在我国的发展仍处于一个摸索、探究的阶段，因此在 STEAM 教育的专业型人才方面也比较缺乏。高职院校在实施 STEAM 教育时很难保证会有专家型的人才进入校内进行相关的培训与指导，这也导致很多刚接触 STEAM 教育的新手教师缺乏该方面的能力，从而无法开展 STEAM 教育。

2. 社会资源的缺乏

目前我国高职院校应对幼儿园 STEAM 教育专业人才队伍培养开展的 STEAM 教育形式较为单一，缺乏社会资源，没有形成一体化的 STEAM 教育生态系统。相较于其他教育模式来说，STEAM 教育更加强调多方面的共同配合，不是仅仅只依靠一个部分就能完成的，社会上各机构应给予支持，形成一个创新协作的生态系统。很多高职院校考虑到进行 STEAM 教育相关的课程体系要准备大量的教学设备、聘请专业的教学人才等因素，不愿意引进校外社会资源，加上校外教育机构高昂的教育成本也对高职院校与社会教育资源的整合造成了一定影响，导致了社会资源利用不足。

三、高职院校在幼儿园 STEAM 教育需求导向下的人才专业建设的建议

幼儿园 STEAM 教育不仅可以提高幼儿当下的活动质量，促进幼儿积极地发展，同时也为其成为创新型、科技型人才奠定了基础。这反过来又有利于高职院校在幼儿园 STEAM 教育需求下的人才专业的建设和发展。因此鉴于其重要作用，笔者提出以下三个方面的建议。

（一）建立相应国家标准政策体系

标准是保障教育活动得以发展或者评价的基础，同时也是推动教育有效开展的必要举措，缺乏标准就无法评价一个教育活动的进行是否正确、是否贴近幼儿的实际生活需要。不管是课程标准，还是 STEAM 教师的指导纲要，或者现存的各类与 STEAM 教育相关的产品服务，都可以通过相应的标准更好地加速 STEAM 教育的进程。因此，我们需要在国际化的 STEAM 教育发展的大前提下，结合我国 STEAM 教育发展的实际现状，结合地方教育部、高校、幼儿园本土文化特色发展，与中小学、社会机构等联合制定符合我国未来创新型人才发展需要的课程、教师、产品、服务等标准，并建立科学的评价体系，促进我国 STEAM 教育有序并高效地发展。

(二)加强教师队伍的建设

加强教师队伍的建设,不光是针对高职院校中的教师队伍,同时也要兼顾面向未来幼儿园 STEAM 教育的专业人才的培养,即高校学生相关素养的学习。

1. 职前深化 STEAM 理论知识的学习与了解

目前高职院校作为培养未来教师的一个战场,与今后社会所需的 STEAM 教育人才的培养密不可分。美国对高等教育领域的 STEAM 教育的重视程度较高,我国对此的关注度还有待提升。为了推进职前 STEAM 教育理念与知识的学习了解,为其职后发展打下坚实的基础,高职院校各部门之间应加强合作,共同推进职前高职院校教师队伍在科学、技术、工程、数学、艺术学科的相关培训,共同探究制订、研发符合本校特色并适宜的 STEAM 课程,培养具有 STEAM 教育素养的专业化高校教师队伍;其次,可对高职院校"双师型"教师的培养加大力度,聘请专业教师对本校教师进行职前培训。学生的专业培养也可以联合企业,以提供更多实践机会,学以致用,为其今后在幼儿园 STEAM 教育环节中积累经验。

2. 跨学科知识的整合

弗吉尼亚理工大学的 Sanders 教授认为,STEAM 教育是在建构主义和认知科学理论的指导下,以科学、技术、工程、艺术和数学知识为基础对问题或项目进行探讨,因此跨学科整合是 STEAM 教育的本质属性。STEAM 教育不仅强调探索学科知识的核心概念,除此之外也应该探究各学科知识的共同点,从而更好地促进跨学科教育的专业化人才的培养。例如,余胜泉等人在介绍多种跨学科的整合模式与整合取向后,构建了基于跨学科整合的项目设计框架;吴春胜通过研究 STEAM 教育的跨学科性,提出了创新课程设计、运用新技术、引入社会资源等策略。各高校应该研发制订符合本校学情与特色的整合式项目框架,将五大基础点整合起来。

3. 职后在项目实践中学习

职前的学习已经形成固有的思维,发展个人教学模式、不断更新知识体系的任务就落到了职后的学习当中。现阶段,我国专职 STEAM 教师较为缺乏,不少学校的 STEAM 侧重于理工科的教师进行授课,因此大多数教师从事 STEAM 教育的专业能力有待提高。在职后的培养中,一方面可以基于现有的专业聘用国内外优秀的 STEAM 教师做指导,让我们现有的教师队伍参与到具有一定难度的 STEAM 项目当中,使其在实践中慢慢向 STEAM 教师靠拢;此外,也可以对工科教学经验丰富的优秀教师进行 STEAM 教育的专业系统培训,不断加强其相关能力,从而提升 STEAM 教育水平。

(三)提供丰富的教学环境

高职院校作为培养学前教育专业人才的主要战场,应该整合社会资源、高职院校资源等多种资源,提供丰富的教学环境。

1. 高职院校提供丰富的教学资源

在幼儿园 STEAM 教育教学时更加强调来源于实际生活的资源,从而促进知识的迁移,而不是局限于某一个方面。幼儿园 STEAM 教育所需的材料并不一定要高端前沿,更重要的是要具备通过利用现代化的产品、技术等来改善幼儿学习的意识。高职院校在开展 STEAM 教育活动时,可以为学生提供真实的活动材料,以保证相关活动顺利开展。除此之外,还应该重视并结合校本课程对 STEAM 教育教学课堂进行改革,研发设计符合本校学生真正需要的教学模式,提供相应的教学资源。例如,教师可以在之前所教授的课程中融入 STEAM 课程教育理念,也可以邀请 STEAM 教育专家共同探讨、研发、开展教学。

2. 整合社会资源

STEAM 教育不是一个单一的机构就能完成的,每一个环节都需要各高职院校、社会力量等多方协作,只有这样才能更好地促进专业化人才的培养。因此我们在进行 STEAM 教育活动时,可以加强高职院校与高职院校之间、高职院校与幼儿园之间的合作交流,共享教学资源、教育模式和方法;也可以与科技馆、少年宫、博物馆等有效结合,将校内 STEAM 教育拓展到校外,使这些空间成为教师和学生积极学习、接受 STEAM 教育的重要组成部分。此外,STEAM 教育不光需要学校与教育部门的参与,其他社会资源也可以积极进行补充。例如社会上一些开设 STEAM 教育的早教机构,以 STEAM 教育的相关教育理念运行的教育类、托辅类机构等,将其先进的教育理念、实践措施带入高职院校相关专业的人才培养中,与幼儿园传统教育相辅相成,更好地促进高职院校应对 STEAM 教育需求导向下专业人才培养的实施。

综上所述,希望通过结合我国实际教育水平、制定相应政策标准、结合高职院校文化特色,整合社会资源力量,不断加强教师队伍的建设等,促进我国 STEAM 教育更好更快地发展。

参考文献

[1] National Science Board. Undergraduate science, mathematics and engineering education[EB/OL].

[2] 胡畔,蒋家傅,陈子超.我国中小学 STEAM 教育发展的现实问题与路径选择[J].现代教育技术,2016,26(8):22-27.

[3] 陈钰蓉.民办高校学前教育专业 STEM 教学实践研究[D].上海:上海师范大学,2018.

[4] 余胜泉,胡翔.STEM 教育理念与跨学科整合模式[J].开放教育研究,2015 (4):13-22.

[5] 赵兴龙,许林.STEM 教育的五大争议及回应[J].中国电化教育,2016 (10):62-65.

[6] 教育部关于印发《幼儿园教育指导纲要（试行）的通知》[EB/OL].[2018-04-20].

[7] 王素.《2017 年中国 STEM 教育白皮书》解读[J].现代教育,2017(7):6-9.

[8] Sanders Mark. STEM, STEM education, STEM mania[J]. Technology Teacher, 2009(4):20-26.

高职院校学生母语素养提升策略研究

刘 飞 张 笛

重庆电信职业学院

摘 要:源远流长的中国历史造就了饱含深意的汉字文化,时间奔腾向前,中国文化仍然历久弥新。对于这些历史、文化结晶,我国当代大学生应该积极主动地亲近,了解中国文化,提升自己的文化素养。高职学生,作为社会发展的应用型技术人才,认真学习专业技能固然重要,但是也不能忽略自身人文素养的培养。基于此,本文探讨了高职院校学生母语素养提升策略。

关键词:高职学生;母语素养;提升策略

当前,职业教育已经成为教育体系中的重要内容,高职院校源源不断地为社会输送各行各业的优秀技术人才,进一步促进了社会生产力的发展。但是,各用人单位也普遍反映,高职学生虽然具备了相关的职业技能,但在人际交往、文化涵养、精神品质等方面还是比较欠缺的。在经济迅猛发展的当下,对人才的要求也越来越严苛,对高职学生而言,除了要具备一定的专业技能,适应职业需要外,还需要注重自身的全面发展。

一、母语素养及培育渠道

(一) 母语素养的概念

母语素养是一种在潜移默化中慢慢积累而产生的内在气质,它不是阅读一篇散文、练几张字帖就能形成的。母语素养的提升需要大量知识的积累,需要学生通过大量的中文学习,全面提高自己听说读写的能力。当然,不加选择地汲取知识是行不通的,培养学生的母语素养一定要掌握方式方法。在学习过程中,教师要向学生普及多种多样的中文学习方法,这样学生就可以根据自身特点选择最适合自己的学习方式,从而养成良好的学习习惯,进一步提高学生的思维能力和创新能力。从古至今,文字都是作者寄托思想感情的载体,忧国忧民的爱国情怀、近乡情怯的思念之情、对大自然美景的喜爱之情,都包含了作者的情感态度和价值观。因此,母语素养的培养不仅是对文章的阅读,更是透过这些文字看到作者赤诚的心。

(二) 母语素养的培育渠道

一是基础教育。在中国学生接受教育阶段,语文课堂一直是学生获取中文知识的主要途径,而中学阶段学生的思想开始成熟,对于语文课本中的文章会有自己的见解,这也是高职院校学生母语素养的重要基础来源。高考语文成绩虽不能作为学生语文素养的唯一参数,但却是重要参数。二是大学语文课程。大学语文作为基础课程,涉及面广,内容丰富,能够让很多非中文专业的学生进一步提高自己的母语素养。三是学校社团活动。大学校园社团种类众多,办团宗旨明确,成员来源广泛,活动形式多样,都是根据学生自身兴趣开展的一系列活动,是学生激发自我意识、实现自我发展的主要形式之一,能够吸引以本社团成员为核心的广大兴趣爱好者开展相应活动。其中演讲与口才社团、书法社团等,都能够提升参与者的母语素养。

二、高职院校学生母语素养偏低的原因

(一)生源影响

高职学生的学习能力较弱,文化课成绩较低,在高中阶段没有打下扎实的语文基础,因此也给高职院校的语文教学造成了一定的困难。高职院校的生源质量较差,缺乏对语文的浓厚兴趣,也是导致语文教学效果不佳的原因之一。

(二)渠道单一

高职院校的母语素养培育主要依赖大学语文课堂,在社团中中文类的社团很少,零星的一两个相关社团缺乏规范的管理,得不到老师的专业指导。学生往往会随心所欲地创作,但是内容肤浅,并不能让学生感受到母语素养的独特魅力。

(三)课程教学有待改进

1. **认识不到位**

在目前高职院校的课程设置中,语文学科排的课时往往较少,学校会把教学工作的重心放在专业课教学上,迫切地让学生掌握一些实用型的专业技巧。毋庸置疑,技能的学习是高职院校教学的主要内容,但是对学生母语素养的培育也同样重要。

2. **教学方法单一**

高职院校大学语文课程主要以选修课的形式开展,这就导致了教师的不重视,不会钻研课本,不会创新教学方式,依然停留在完成任务式的呆板教学模式下。这样枯燥乏味的教学方式,会让学生失去学习的主动性,失去对语文课堂的兴趣。

(四)求学观念偏差

当前,高职院校教学的目标就是培养拥有一技之长的学生。在社会、家长等多方观念的影响下,学生也会形成这样的思维定式,认为求学的唯一目的就是学习职业技能。

三、提升母语素养的途径

要提升学生的母语素养,可采取以下途径:

(一)充分认识高职院校开设大学语文课程的必要性

大学语文课程是中学语文的拓展延伸,是以往所学知识的延续,因此教师教学依然把听说读写能力作为核心教学任务。当然,能力的提升不是一蹴而就的,它离不开点点滴滴的积累。相较于中学教材,大学语文教材涉及面更加广泛,古今中外的优秀文章、名家作品都被收入其中,通过阅读这些作品,能够让学生深刻地了解历史与文化,提升学生阅读鉴赏水平。当然,除了阅读名家作品,还应该开展多种多样的听说训练。比如,教给学生聆听的技巧,鼓励学生进行口语表达训练,进一步提高学生的口语交际能力。培养学生的母语素养,良好的写作能力也必不可少,语文教师可以指导学生分析名家作品,加强各种体裁的写作训练,进一步提升学生书面语言表达能力。同时,要注重对学生独立分析问题的能力的培养。高职学生的思维活跃,对一些名家文章都有自己的见解,语文教师要多鼓励学生自主分析文章意境,感受汉语言文化的独特魅力。

大学语文课本凝聚了专家学者的智慧。这些被挑选出来的文章都是人类智慧的结晶,都能在一定程度上启发学生。第一,能够提升学生的品德修养。高职学生都是十七八岁的青年学生,世界刚刚为他们撕开了一角,他们对社会充满好奇,但却缺乏明辨是非的能力,这时候加强学生的思想品德教育就显得尤为重要。大学语文教材中,一篇篇优美的选文,一个个意境深远的故事,都在字里行间透露出坚定的理想信念、美好的道德修养、正确的价值取向,正是这些具有导向性的文章,促进学生进一步提升文化修养,形成正确的三观。第二,提升学生的审美情趣。大学语文教材中有许多语言优美的诗歌、形神兼备的散文和饱含深意的小说,这些优秀的文学作品往往传递着人间的真、善、美。第三,提升学生的人格品质。在名家作品中,涌现出了一个个具有个人特色的人物,他们身上所表现出来的优秀人格,能够引导学生树立正确的价值观,进而形成积极乐观、自强不息、坚持不懈的品格。

(二)优化课堂教学

教材是课堂之本,在依据教材内容展开课堂教学的同时,教师要注重优化课堂教学质量。良好的课堂教学氛围,能够激发学生的学习兴趣,进一步提高学生的母语素养。这就对各个中文教师提出了更高的要求,首先,教师要树立正确的教学观念,把学生作为课堂的主体;其次,在正常的授课过程中,要注意方式方法。在讲解课文的过程中,要活跃课堂气氛,采取探究学习、小组讨论、创设意境等方法,调动学生的学习积极性。

(三)实施分级教学,改革课程教学

生源问题一直是制约高职院校教学工作有效开展的主要难题。对此,可以根据学生特点,实施分级教学。在高职院校新生入学初期,开展一次语文素养摸底考试,让教师对学生的语文水平心中有数,从而进行进一步的课程教学。第一,将语文教学与学生实际生活相结合。对各个年级的学生来说,因材施教是一个重要的教学方法。高职学生,有其自身的学习特点,基础知识相对薄弱,学生相对缺乏自制力、意志力,自我管理的能力较弱。基于此,教师要深入研究学生的个性特点,了解学生之间的学习差异、学生所处地区的地域特点,只有了解并尊重差异,才能有效开展课堂教学。同时,教师要知道,各个学生掌握语文知识的能力是不一样的,应该深入研究学生个体之间的学习差异,发现问题所在,从而更有针对性地展开教学。第二,将语文教学与专业培养目标紧密结合。高职院校有自己独特的培养计划,它在强调学生专业学习的同时,也要兼顾学生人文素养的培养。大学语文学科,具有一定的工具性与人文性特点,对它的深入学习有利于提高学生的综合素养。鉴于此,在大学教学过程中,除了要注重课程本身的独立性外,还应该在课堂中贯穿相关专业内容,让课堂教学更好地为学生服务。第三,在语文教学过程中,注重课程实践。在教学过程中,积极创设相关的实践活动,让学生多开口表达,多动手操作,多用脑思考,在这几项综合实施的情况下,逐步提高自身的能力。

(四)活用教材

教材是课堂教学的基础,教师的教学不应该停留在呆板的课本教学上,而是要对教材进行深入分析,了解教材与实际生活的联系,活学活用,有效提升学生的语

文素养。在对教材进行剖析的过程中,应该注意以下几个方面的问题:首先,根据学生身心发展的特点,对教材内容进行有效结合。其次,在进行教材讲解时,不能把教材内容全部灌输给学生,要注意对教材内容的取舍。语文教师在进行语文教学的过程中,要对教材内容进行合理划分,要依据学生的实际情况,有针对性地开展教学,这样能够让学生紧抓内容重点,对教材内容有一个清晰的认识,这样的方式能进一步提升学生的学习能力。最后,教师要学会灵活机动地对教材内容进行处理,同时要创设多种多样的学习活动,让学生在相对轻松愉悦的氛围中提高自己的语文素养。当然,每一位教师都有自己独特的教学方法,因此在教学过程中,要学会扬长避短,用更加有利于发挥自己长处的方法来处理教材。活用教材,是依据学生特点对教材进行创新的方法,让学生更加系统化地、科学化地开展学习活动。

(五)把语文教育与生活联系起来

从牙牙学语开始,语文就一直出现在我们的生活里。语文课堂必须与生活紧密结合,才能让学生将课堂上所学内容应用到实际生活中去,做到学以致用,进而丰富自己的生活经验,也能在生活中体会到语文教育。

正如陶行知先生所说,教育必须是生活的,一切教学必须通过生活才有效。脱离了生活,语文就成了无源之水,无本之木。总的来说,语文教育必须要打破语文与生活之间的"厚障壁",让语文课堂与生活天地无缝接壤。作为高职院校的语文教师,应该时刻注重研究课本、教材,体会语文教育生活化的意义。

"大语文教育观"认为,"语文学习的外延与生活的外延相等"。这样的教育观念的提出,打破了原有课堂教育的局限,突破了以往以书本为中心的传统课堂教学观念,提出在生活中学习语文,感受语言魅力的概念。在把语文教育与生活进行联系的过程中,要注意以下几个方面:

1.加强对学生课外阅读的指导

学校教育有时间和空间上的局限性,学生阅读往往是有一定限制的。仅仅依靠课堂学习,并不能满足学生的学习需要。高职学生自主学习的时间是相对较多的,因此,教师要鼓励学生进行课外阅读。在课外书籍的选择上,可以多多关注学生感兴趣的内容,让学生自由选择相应的书籍。当然,教师也可以推荐一些利于学生成长的书籍,教会学生相应的阅读技巧,让学生在充实自己课外时间的同时,拓宽自己的视野,了解自己感兴趣的多方面知识。通过阅读大量的课外书籍,学生能够提高语文素养,增强对自己母语的文化自信,从而进一步提高自己。

2.开展丰富多彩的语文课外活动

语文教育应该跳出课堂,去开展丰富多彩的语文课外活动。比如可以在学校开展校园诗词大会,让学生在背古诗、行飞花令等形式中感受中国语言文化的独特魅力;在中秋节可以开展猜灯谜活动,让学生拓展思维,进一步领悟中国文字的奥秘;在校园里也可以开展读书分享活动,让学生们讲述自己喜爱的读物,发表自己的感受。多种多样的课外活动,丰富了教学形式,拉近了生生、师生间的距离,让学生在形式多样的活动中激发对母语学习的兴趣,感悟汉语言文化的美好。

四、结　语

母语素养是每一位学生都要积极养成的,但是它的培育过程不是一蹴而就的,它需要一朝一夕地点滴积累。高职院校的语文教师,除了教授知识外,还是学生成长道路上的领路人,必须积极探索多种教学途径,带领学生共同努力,让学生在学习过程中能够发现美、鉴赏美,拥有良好的语言表达能力和丰厚的文字功底。我们由衷希望,高职学生不仅能够在以后的工作岗位上发光发热,还能够时刻拥有植根于心底深处的母语素养。

参考文献

[1] 杨瑾.新形势下高职院校学生语言文化素质现状和改变途径[J].武汉职业技术学院学报,2016,15(6):114-117.

[2] 王新颖.对高校语文教学的实践性思考[J].改革与开放.2011(2):158-158.

[3] 朱琳.加强大学阶段的语文教育[J].聊城大学学报:社会科学版,2007(05):122-126.

工业机器人技术发展现状和需求

罗 飞 孙绍丹 蒋 鸿

重庆轻工职业学院

摘 要:目前,以机器人为代表的智能制造,正逐渐成为全球新一轮生产技术革命浪潮中最澎湃的浪花,它推动着各国经济发展的进程。我国高职教育在人才培养方面逐步积累了一些丰富的经验,然而我们还没能真正实现区域发展条件下专业设置与区域发展的协调。本文通过专业建设与经济协调发展,以工业机器人行业为例进行应用人才需求情况分析,论证工业机器人技术专业建设对接重庆区域智能制造经济的重要性,并对工业机器人技术专业建设对接重庆区域的专业建设的重点内容进行深入探讨。

关键词:发展现状;区域经济;人才需求

一、专业建设与经济协调发展的意义

智能制造是当今世界制造业的重要发展方向,它在全球范围内得到了广泛的应用和研究。当前,以数控机床为核心的智能制造装备产业已经比较成熟,而工业机器人将是未来智能制造装备发展的一个新热点。工业机器人是集机械电子、控制、计算机、传感器、人工智能等多学科先进技术于一体的重要的现代制造业自动化装备。经过多年的发展,工业机器人的类型和系列日益完善,其负载等级也从几千克发展到了几百千克。同时,工业机器人的性能也得到了极大的提高。因此,工业机器人应用是典型的多学科的交叉融合,目前的当务之急是大量培养掌握机器人系统认知并能与各行业工艺要求相结合的应用型人才,帮助用户解决机器人应用的实际问题。然而,专业设置是教育与区域经济社会发展的纽带,也是高职院校彰显其服务于社会和区域经济发展的直接体现,也影响着学校专业发展。专业设置是否科学合理,关系着学生的就业、学校的生存和发展,影响着区域经济的发展和我国高职教育的质量和水平,决定着我国能否实现人力资源和技术强国的战略目标。

二、工业机器人行业人才需求

工业机器人在生产中发挥的作用，取决于生产工艺的复杂性、产品的多样性，以及周边设施的配套程度。而解决这些问题需要 3~5 名相关的操作、维护和集成应用人才。目前，机器人在汽车制造以外的一般工业领域应用需求快速增长，而相应的人才储备数量和质量却捉襟见肘。

从重庆部分企业行业招聘要求看出，目前企业中最缺的技术人才是工业机器人的维护保养、安装调试等技术人员，企业把工业机器人买回来以后，要想把标准的机器人变成一台可以投入生产的专用自动化设备，就需要机器人应用工程师结合生产工艺和工件的类型，通过手动示教编程并结合周边的辅助设施，使机器人完成特定的任务。

三、工业机器人技术对区域的重要性

重庆作为我国老工业基地，为机械加工、汽车市场、电气类专业的发展提供了强大的支撑。然而部分企业正面临招工难和劳动力成本上升的困扰，一些恶劣环境下的生产作业也非人力所能及，先进制造业的转型迫在眉睫。由此，我市机器人产业化发展的序幕正式开启，重庆机器人与智能装备产业发展联盟在璧山正式成立。我市将打造"全球机器人之都"，到2020年，重庆机器人产业规模将达到1 000亿~1 500亿元，机器人有望成为"重庆造"的新名片。

重庆区域市场容量不断扩大，产业的发展急需大量高素质高技能型专业人才，人才短缺已经成为产业发展的瓶颈。一方面是重庆市工业机器人应用高端技术人才需求飙升，另一方面是相应的人才供应奇缺，更为重要的是，工业机器人应用及高端技术人才的大量缺口，已经开始制约相关技术领域的发展，成为地方产业发展的掣肘。因此，强化校企合作，推行嵌入式课程，通过校企专业共建模式，引入实务课程，提升教育质量是当务之急。

四、工业机器人技术专业的发展和需求

本专业培养政治立场坚定、德技并修、全面发展，适应社会经济生产、建设、管理、服务第一线需要的专业人才，培养具有一定的科学文化水平、良好的人文素质、职业道德和创新意识、精益求精的工匠精神、较强的就业能力和可持续发展能力的

专业人才。掌握本专业知识和技术技能,主要面向汽车、机械加工、食品药品、新能源、国防军工、智能制造产线等行业企业,从事自动化成套装备中工业机器人工作站的现场编程调试维护、人机界面编程、系统集成等生产技术管理工作,成为具有职业岗位(群)所需基础知识及专业技能、具有较强综合职业能力的高素质技术技能型人才。工业机器人技术专业建设重点内容包括以下几点。

(一)深化校企合作专业建设运行机制

对接重庆机器人与人工智能创新联盟、重庆市机器人与智能装备产业联合会相关机构,调整产学研职能,责任到人。校企共建双基地,引入企业管理理念,校企共管,采用订单和合约形式运行。制定《工业机器人技术训练中心议事规则》《工业机器人技术训练中心联合科研开发管理办法》等相关制度。定期举办工业机器人应用技术论坛,就工业机器人技术、应用、人才培养等内容进行研讨,调整专业指导委员会,将企业专家、企业技术人员引进本专业。

(二)产教实践"项目引领,岗位实境"

工业机器人广泛应用于汽车、机械加工、食品药品、新能源、国防军工、智能制造产线等诸多领域中。根据专业所需要的核心知识能力要求,选取喷漆、涂胶、焊接、装配、码垛、包装等多种工业机器人典型应用自动线项目为载体,培养学生的专业核心能力。在教学组织上仿真企业岗位环境,分班组、定岗位、明职责。根据职业能力要求,将机器人相关证书作为职业技能鉴定内容纳入人才培养方案,引入企业职业标准开发项目课程。

(三)搭建"工学交替+课堂与车间"

融入成果导向教育理念,将课堂还给学生,重构专业群课程体系,以岗位能力为设计起点,反向倒推课程内容、课程标准、教学方法等;同时以课程目标为设计起点,反向倒推课程内容、教学方法等。规划专业课程体系,在充分调研和论证的基础上,融入成果导向等先进职业教育理念,按照反向设计原则设计课程,以最终学习成果为起点和终点,构建"工学交替+课堂与车间"课程体系,完成所有专业课程体系的重构工作。按照企业真实的技术和装备水平,设计课程结构和内容,通过真实的案例、项目实施,推进教学方法改革。

(四)教学团队建设

行业企业合作开展教师队伍建设。以双师素质教师的培养、兼职教师队伍建设为重点,通过企业实践、项目研发,国内外研修培训,聘请企业一线技术管理专家担任兼职教师等措施,构建一支以专业带头人为引领、专业骨干教师为核心、专兼职教师相结合的双师结构教学团队。

1. 专业带头人培养

专业带头人要具有国际视野,掌握专业前沿技术、在行业内具有较高影响力、能引领本专业的建设与发展。校内专业带头人具体培养措施为:校企兼职、参与重点项目建设,实验室建设,参与工业机器人产品及技术研发,参加机器人技术及应用高峰论坛,主持制定本专业人才培养方案、规划专业与课程建设。

2. 骨干教师培养

骨干教师是教师团队中的核心力量,其综合素质与总体水平对教育教学改革起关键作用。具体培养措施为:参加行业企业新技术培训、参加技师培训,分批到国外研修学习,参与专业建设,承担课程建设、教材编写任务,指导毕业设计,承担对外技术培训任务,参加应用性科研项目。

3. "双师素质、专兼结合"教学团队建设

双基地建设与重庆工业机器人企业共建双师素质教师培养基地联合培养双师素质教师。通过参加企业实践、基地培训、横向课题研究等途径,提高工程实践能力;通过参加职业教育师资培训,参与课程建设、教学设计、实验实训室建设,承担项目化课程教学等途径,提升教学能力,全面提升双师素质。每年安排 1~2 名教师到双师素质培养基地,实践时间不少于 6 个月;每年安排 1~2 名到企业担任技术顾问,参与企业的产品开发、技术攻关和课题研究,不断提升社会服务能力。

4. 兼职教师队伍建设

与重庆工业机器人企业共同建设兼职教师储备基地,构建"专兼结合"师资队伍的制度保障体系,制定校企双方的人事分配和管理制度,保障行业企业兼职教师的来源、数量与质量。对聘用的兼职教师,配备一名教学经验丰富的专职教师,进行"一对一"帮带,使兼职教师尽快熟悉教学的各个环节和教学管理要求,逐步完善教学方法和掌握教学技巧。建立由企业专业人才、能工巧匠、管理人员组成的兼职教师资源库。每年聘请重庆工业机器人制造及应用企业专家参与人才培养方案的制定、专业建设、师资培养、学生技能大赛指导等。

5. 发挥专业优势开展社会服务

依托双基地工业机器人技术实训中心,成立科研工作团队,推进企业技术进步,为产业升级服务,提高企业职工队伍素质。校企共同成立科研工作团队,联合企业开

发新产品,解决企业生产中的技术难题。依托双基地优质资源,面对社会开展职业技能证书培训项目。为企业开展"订单培养",形成示范辐射作用。

五、结　语

当前,工业机器人的发展是一个重大的挑战与机遇,迎接与克服这一挑战就能使我们在日益激烈的竞争中处于有利地位。抓住这次机遇,努力进行研发工作,力争我国工业机器人的研发技术在国际上占有一席之地。

参考文献

[1] 蒋刚,龚迪深.工业机器人[M].重庆:西南交通大学出版社,2011.

[2] 韩建海.工业机器人[M].武汉:华中科技大学出版社,2019.

[3] 孙树栋.工业机器人技术基础[M].西安:西北工业大学出版社,2006.

[4] 日本机器人学会.机器人技术手册[M].北京:科学出版社,2008.

[5] 李明.机器人[M].上海:上海科学技术出版社,2012.

[6] 吴振彪.工业机器人[M].武汉:华中科技大学出版社,2006.

[7] 工握文.世界机器人发展历程[M].长沙:国防科技大学出版社,2001(1):70-75.

[8] 陈佩云.我国工业机器人技术发展的历史现状与展望[J].机器人技术与应用,1994(5):1-3.

[9] 马俊如,余翔林.高技术研究前沿展望[M].合肥:中国科技大学出版社,1995.

[10] 万鹏.工业机器人在汽车生产中的应用[J].品牌与标准化,2010(6):22-23.

[11] 李瑞峰.中国工业机器人产业化发展战略[J].航空制造技术,2010(9):25-30.

注:本论文为2019年度重庆市高等教育教学改革研究项目成果,该项目受重庆市教育委员会批准,项目名称:基于工业机器人技术应用现状的探索与研究,项目编号:193569。

基于现代学徒制的校企合作机制研究

游祖元

重庆传媒职业学院

摘　要:现代学徒制试点是我国职业教育改革发展的重要举措之一,有效促进了中国职业教育发展。目前,在校企合作开展现代学徒制人才培养过程中,还存在校企合作不紧、职责不明、管理不顺、运行不畅、质量不高等问题,产生这些问题的根源在于校企合作不够深入,合作机制不够健全。本文从校企合作利益机制、管理机制、运行机制等方面,探索如何建立校企合作长效机制。

关键词:现代学徒制;校企合作;机制;利益共同体

大力发展职业教育是我国教育现代化的重要部分,校企合作、产教融合是发展职业教育的主要途径。职业教育实施现代学徒制是校企合作、产教融合的重要方式,此举措得到了行业广泛认同、国家大力支持。

我国的现代学徒制是在借鉴欧美国家现代学徒制的基础上形成的,其中主要的借鉴对象是德国双元制育人模式。我国的现代学徒制涵盖了整个职业教育体系,包括中等职业教育和高等职业教育。我国发展现代学徒制育人机制的思路是探索试点、论证总结、修正完善。目前,教育部分三个批次确定了 562 个现代学徒制试点单位,覆盖了全国各省市,第一批试点单位已经验收。重庆市现代学徒制试点单位 23 个,其中高职院校 15 个。

形成与现代学徒制相适应的教学管理与运行机制是现代学徒制试点的四项主要任务之一。本文就对基于现代学徒制建立的校企深度合作的长效机制进行探索。

一、我国现代学徒制的校企合作现状及问题分析

我国把职业教育上升到国家战略,促进产教融合校企"双元"育人是《国家职业教育改革实施方案》的主要任务之一。校企合作是提升职业院校办学实力和管理水平的重要举措,各职业院校均把校企合作列为年度重点工作。

当前我国职业教育的实际情况是：现代学徒制还处于探索试点阶段，产教融合还处于初级阶段，校企合作也处于学校热、企业冷的状态。校企合作有几个主要问题：一是现代学徒制校企合作"双元"育人的主导权不够明确，即谁来承担合作失败后的后果或者谁为合作失败负责；二是校企合作客观上增加了生均培养成本，谁为这些增加的成本买单；三是人才培养投入大、周期长、经济效益低，企业积极性不高；四是企业不能真实做到招生即招工，学生不能做到毕业即就业；五是一批以培训为主业的机构代替实体企业与学校开展"校企合作"，这不是现代学徒制和产教融合的初衷。要解决现代学徒制这几个问题，关键在于明确校企合作各方的责、权、利，建立校企合作的长效机制。

二、共建共享培养基地是校企合作的基础

校企共建共享人才培养基地，是校企合作的载体和纽带。比较常见的做法是，在校内校企共建人才培养基地，企业派人进驻校园，全程参与人才培养，参与专业建设和课程建设。重庆市高职院校与一批优质企业联合共建 60 个生产性实践教学"双基地"。"双基地"一般场地规模较大、设备档次较高、覆盖课程较全，是开展人才培养，特别是实践教学的重要场地。"专家工作室"等也是常见的现代学徒制人才培养基地。

校企共建基地搭建了一个集教育教学、学习培训、生产实训、技术研发于一体的平台，除了人才培养的基本任务外，更要为队伍建设、教学研究、科学研究、社会服务等方面服务。

理想的产教融合平台应该是聚集行业精英、制订行业标准、引领行业发展的高水平平台。通过这个"教、学、产、研"一体化平台，可以聚集高端人才，开展新技术研究及应用，为社会提供智力服务，把实战项目和案例带入课堂，把师生带进生产一线参与实战，有效提升教师专业水平和学生技术技能。

三、多方共赢利益机制是校企合作的前提

多数企业参与校企合作人才培养的本质是商业行为。明确校企合作的作用范畴，探索学校和企业基于不同利益诉求而寻求共赢是校企合作的基础。校企合作过程中如何寻找到不同利益主体的利益最大化区间，从而利用合作过程中承担的责权进行必要的资源配置，对职业教育的定位和走向都非常重要。

目前,多数校企合作的主导权还是在学校,学校要采用多元办学混合所有的思路,与企业建立起"共建共育、成本均摊、责任共担、利益共享"的利益机制,才能构建校企利益共同体。学校与企业的合作模式一般是共同办专业或二级学院(专业群),采用股份制或者学费分成(购买服务)的方式向企业支付费用。

教师(含企业教师)是校企合作人才培养的组织实施者,是该项工作成功与否的关键因素。现代学徒制改革探索给教师带来新的挑战,对教师专业水平、教学能力和综合素质提出了更高的要求。学校和企业在该类教师工资待遇、评优晋级等方面要有明确的政策支持,以激发教师工作的主动性和创造性。

学生是人才培养的主体,具有学生和准员工的身份,是校企合作的直接受益者。因此,构建起学校、企业、学生、教师共同参与、共同受益的利益共同体,是开展校企合作和现代学徒制人才培养的前提。

校企合作和现代学徒制人才培养,必然增加培养成本。学校、企业、学生要分别看到各自潜在利益,对增加的成本进行分摊,学生学费可以适当提高,学校让利于企业,企业要从综合收益方面计算投入产出比。扩大收益和争取第三方资金支持是化解成本的最好方式,学校与企业可共同开展教学建设、科研项目、社会服务等取得收益,例如骨干专业建设、双基地建设等项目均有财政经费支持。

四、协作高效的管理机制是校企合作的保障

学校和企业负责人对校企合作、产教融合要高度认同并积极参与,这是校企合作人才培养工作持续推进的动力。学校和企业要建立起"校企一体、项目管理、互聘互任、分工合作"的管理机制,这是促进校企长期深入合作的保障。

要明确校企合作的主导权。校企双方要明确各自的责、权、利,特别要明确职责范围和边界。当前,部分现代学徒制试点单位在校企合作中强调学生的"员工"身份,却忽视了学生的素质和能力培养,甚至有学校把专业"转包"给企业,这就违背了现代学徒制倡导的以课程为纽带、工学结合为主要形式的培养模式的初衷。

为了更好地推进校企合作人才培养工作,及时协调处理相关问题,校企双方可共同组建项目领导小组和工作组。工作组要在企业和学校设专门办公室。校企双方采用互聘互任方式让企业员工介入学校教学和管理,让学校教师进入企业参与工程实践、研发和管理。

五、科学合理的运行机制是校企合作的关键

科学合理的教学管理与运行机制是开展现代学徒制人才培养的关键。校企共同建立教学运行与质量监控体系,共同加强过程管理。合作企业根据教学需要,合理安排学徒岗位,分配工作任务。院校要根据校企合作人才培养工学交替的特点,实行弹性学制或学分制,创新和完善教学管理与运行机制。

(一)入学定向签协议

现代学徒制人才培养,企业的主要目的是为自己培养合格甚至优秀的员工,岗位需求比较明确。学生进校时就可以与企业签订劳动服务协议和学业承诺书。学生完成学业并考核合格之后,就能走上工作岗位并顺利开展工作。在劳动服务协议和学业承诺书中,企业将对毕业生学业、能力、素质等提出明确要求。这种方式对学生报考专业、完成学业都有促进作用。学生学习目标性强,容易激发学生学习主动性。

(二)全程培养双导师

现代学徒制教学组织和管理的最大特点是配备班级双导师,即学校和企业均派有专职人员全程负责教学和管理(含校内外实践教学)。从大一"拜师"到大三"谢师",三年学习期内,师徒关系相对稳定。这种稳定的关系,不仅有利于学生全面系统地学习教师(师傅)的知识、经验、技术,还有利于学生学习教师为人处世的方式。教师全面负责专业课程教学,与学生联系更紧密,认知更精准,对课程体系整体认识更强。

校企两名老师组成教研组,共同负责一个班级教学和管理,分工合作,相互交流,相互促进。在教学方面,学校教师是主讲,企业教师要学习教育教学理论和方法。在生产实训方面,以企业教师为主导,学校教师要提升专业水平和实践应用能力。

校企合作领导小组要加强教师考评。教师在学年度专项考评不合格或者学生意见较大时,应及时将该教师调整到其他岗位。

(三)学生质量三把关

毕业生质量是衡量现代学徒制、校企合作成效的关键指标。监测、保障学生质量,主要要把好三关:一是课程质量关,二是学年质量关,三是毕业质量关。

校企共同组建质量评测组,对照课程目标评估学生课程学习达标情况,对照人

才培养方案的学年知识、技能、素质目标来评估学生学年达标情况,对照人才培养方案的毕业生规格要求,评估毕业生达标情况。这种评估可以基于课程考试成绩,也可以设置专项指标单独考评。未通过的课程必须重修重考,未达到学年目标的学生要降级或淘汰出现代学徒制班,毕业生质量评估未合格者不予发放毕业证。将学徒岗位工作任务完成情况纳入考核范围。

只有建立起工业级的质量管控体系和淘汰机制,才能确保毕业生质量。

(四)工作岗位再培养

学生走上工作岗位后,在试用期或一年内,依然与原来的导师保持师徒关系,导师要在其工作过程中继续给予指导和关怀,帮助其尽快适应环境、适应工作,并指导其解决专业技术技能问题。学校和企业要将教师和员工这部分工作纳入其工作量内统计并考核,为其开展工作提供支持和保障条件。

六、结　语

校企合作开展现代学徒制人才培养是职业教育大势所趋,建立校企合作长效机制势在必行。在校企合作人才培养过程中,要充分考虑学校、企业、学生、教师(员工)不同利益主体的诉求,找到共赢点,建立起利益共同体,明确各自责、权、利。校企共同建立基地、搭建平台,推进人才培养、科研服务,全程双导师执教,严把课程质量关、学年质量关、毕业质量关,并在职后跟踪培养。这套运行、管理和利益机制,能解决当前现代学徒制校企合作中合作不紧、职责不明、管理不顺、运行不畅、质量不高等问题。

参考文献

[1] 李小红.国内外现代学徒制高技能人才培养模式比较分析[J].读书文摘,2017(11).

[2] 陆俊杰.德国"双元制"与中国现代学徒制的异同[J].中国职业技术教育,2018,665(13):51-54.

[3] 聂光辉.关于现代学徒制的人才培养模式探索与问题剖析[EB/OL].[2019-03-03].

[4] 吴晶.我国现代学徒制的研究综述[J].北京:中国职业技术教育,2016(31):20-24.

"产教融合"下民办高职院校
提高人才培养质量的研究

胡云华　徐铭怀

重庆海联职业技术学院

摘　要:人才培养质量是高职院校发展的生命线,面对高职院校生源结构的不断变化、社会生产力的不断发展,产业结构的不断换代升级,结合新时代背景下对高职教育校企合作、产教融合的新要求,以及重庆海联职业技术学院适应"新要求"的做法,本文对提高民办高职院校人才培养质量以探究分析,以期为同类高职院校的人才培养工作提供参考。

关键词:民办高职院校;产教融合;人才培养质量

继 2002 年颁布《中华人民共和国民办教育促进法》之后,教育部公布从 2004 年开始,中央财政职业教育专项资金将对包括民办职业学校在内的所有符合条件的职业院校的培训基地进行扶持,并于 2017 年 9 月 1 日正式实施新修订的《民办教育促进法》。二十年来,良好的政策环境促使民办教育异军突起,蓬勃发展,但仍然有部分民办高职院校被兼并、收购,甚至从此走下历史的舞台。分析其原因,主要是部分民办高职院校不适应新时代对职业院校提出的高要求,内涵、外延建设和教学管理水平跟不上时代步伐,集中反映为民办高职院校人才培养质量不高,不能很好地适应社会经济发展需要。如何跟上高职教育发展新时代,为新时代输送高质量技术技能人才,成为民办高职院校迫切需要解决的课题。

一、新时代背景下民办高职院校问题分析

(一)生源结构复杂多元

近年来,在构建"中高职立交桥",实施"中高职贯通培养"项目和"百万高职扩招"等相关政策的指引下,高职生源结构不断变化,构成了生源结构的多元化。目前,高职生源主要有四种类型:一是参加 6 月份高考招生的普通高中生,这类学生文化基础和综合素质条件较好,能实行脱产全日制学习;二是参加 3 月份春招的普

通高中生、中职生,这类学生文化基础和自我约束力较差,能实行脱产全日制学习;三是实施"中高职贯通培养"项目中的"三二分段制"和"五年一贯制"招录的学生,这类学生学习成绩、学习习惯和自律性均较差,也能实行脱产全日制学习;四是"百万高职扩招"中的同等学力的社会生源,如企业职工、未就业人员、退伍军人和农民工等,这类学生文化基础差,只能实行分类分层、线上线下相结合的弹性学制学习。学生生源构成复杂多元、文化基础参差不齐、录取分数偏低、整体素质不高、学习兴趣缺乏等原因,为民办高职院校的教育教学与管理带来了极大困难。

(二)产业结构优化转型

《"十三五"国家战略性新兴产业发展规划》提出新的五大支柱产业,包括网络经济、高端制造、生物经济、绿色低碳和数字创意五大领域,标志着中国已由传统制造业向战略性新兴产业转型。十八大以来,我国经济结构不断优化,产业升级日益呈现出高端化、品牌化、融合化、平台化、绿色化的特点。一方面,我们的传统产业不断优化升级,与时俱进,如传统农业向农、林、牧、渔业全面发展的现代农业转化、工业结构不断向中高端水平迈进,2017 年,高技术制造业和装备制造业增加值占规模以上工业增加值的比重分别为 12.7% 和 32.7% ,分别比 2005 年提高 0.9 和 4 个百分点、服务业快速发展成为经济增长的新引擎;另一方面,新产业、新模式也在不断壮大,如新能源汽车、光纤、智能电视产量大幅增长,人工智能在各领域的大幅开发、新一代信息技术与各领域快速渗透融合等,成为发展新动能,产业整体转向高附加值的产业领域或产业链环节的重要引擎。产业结构的优化升级使社会经济和企业对民办高职院校的专业调整布局、人才培养目标、规格、质量和毕业生岗位适应能力与职业发展提出了新的要求。

(三)产教融合考验严峻

党的十八大以来,党和国家就加快现代职业教育发展作出了一系列战略部署,其指导意义重大而深刻。2014 年至今,国务院相继印发了《国务院关于加快发展现代职业教育的决定》《国务院办公厅关于深化产教融合的若干意见》《国家职业教育改革实施方案》等系列文件,明确指出办好职业教育的关键是加强校企合作、深化产教融合。2019 年 3 月,习近平总书记在关于建设教育强国的论述中强调"要加快发展职业教育,推进现代职业教育体系建设,促进产教融合、校企合作,重视培养具有工匠精神和就业创业能力的高技能人才"。产教融合即教育和产业统筹融合,要求校企育人"双重主体"、学生学徒"双重身份"、产教供需"双向对接",

这对民办高职院校的育人机制、校企合作机制、师资队伍建设、生产性实习实训开展和学生考核评价等提出了严峻考验。

二、民办高职院校提高人才培养质量对策

(一)完善教学管理制度

规范管理,制度先行。管理制度是实施一定的管理行为的依据,是社会再生产过程顺利进行的保证。合理的管理制度可以简化管理过程,规范员工行为,提高管理效率。高职院校,尤其是民办高职院校一定要学习新时代背景下高职教育理念,结合学院管理实际,将制度建设作为一项重要的基础性工作,上下重视,常抓不懈,通过制度新立、制度执行、制度修订、制度废止等措施,建立一整套切实可行的教学管理制度体系,并在实践中逐步完善。如笔者所在的重庆海联职业技术学院就已建立并将逐步完善,涵盖教育教学改革指导性文件、专业建设与教学计划管理、教学运行管理、教学质量管理、师资队伍建设、教学基本建设等七大板块的教学管理制度体系。

规范管理,监控到位。加强院系二级管理的同时,强化监控体系建设,完善第三方教学质量评估、监控与引导,是检验制度制定科学与否、制度执行到位与否的重要手段。通过设立督导室,对教学课堂进行无缝巡查、全员全方位听课,定时收集统计分析督导检查数据,定期召开督导工作会议,定期发布督导简报,及时通报信息和反馈建议,以及召开学生座谈会等方式方法,对学院教学秩序、教学质量、职业形象、出勤人数、辅导员到班管理、教学环境、实训场地使用等情况进行全方位督查引导,规范教学管理,助力提升人才培养质量。

(二)科学调整专业布局

实施错位发展和特色发展战略是民办高职院校的生存发展之本,民办高职院校应建立"人无我有,人有我优,人优我强"的特色专业和专业群,打造特色品牌专业,以特色兴优势,以优势促发展,结合新时代背景下的产业结构优化升级,建立专业动态调整机制,根据市场需要及时优化调整专业结构,以培养符合社会、区域经济发展需要的合格人才,努力提升服务产业发展能力。

一方面要加强市场、行业调研论证,积极调整专业结构布局,大刀阔斧淘汰不适应市场需要的专业,适时增设新办特色专业,加强特色专业群建设;另一方面要遵循重点扶持、持续推进原则,重点建设优势强、特色显、社会需求量大的专业。如

笔者所在的重庆海联职业技术学院,根据国家民用航空业和重庆通用航空业的蓬勃发展态势,将学院定位为航空高职院校,近年来撤销了"工商企业管理""应用英语"等25个与市场切合度不高、招生不理想、就业率偏低的专业,新增了"空中乘务""民航飞机机电设备维修""民航安全技术管理"等11个航空类专业,成为重庆市唯一构建起航空专业教育体系的高职院校。

(三)加强德育技能培养

专业人才培养方案是职业院校落实党和国家关于技术技能人才培养总体要求,组织开展教学活动、安排教学任务的规范性文件,是实施专业人才培养、提升职业教育质量和开展质量评价的基本依据。根据中华人民共和国教育部印发的《关于职业院校专业人才培养方案制订与实施工作的指导意见》相关要求,结合目前高职院校生源特点和办学实际,民办高职院校应依据国家有关规定、公共基础课程标准和专业教学标准,按照"健全人格、拓展素质、夯实基础、强化特色、促进创新、提高能力"的原则,适时修订专业人才培养方案,科学架构各专业课程体系,改革、创新课程内容,以立德树人为根本,以满足学生多元发展和个性发展为核心,实施"三全育人",让职业素养、能力技能始终贯穿于整个教学过程中,切实提高人才培养质量。

应引入行业企业专家参与专业人才培养方案修订工作,科学合理制定专业培养目标、开设公共基础课程、科学设置专业技能课程、合理安排学时、强化实践环节、严格毕业要求、促进书证融通、加强分类指导,以使各专业人才培养能突出德育培养、实用价值、能力本位,增强学生综合素质,提高学生实践能力。对退役军人、下岗职工、农民工和新型职业农民等群体单独编班,在标准不降的前提下,单独制订专业人才培养方案,实行弹性学习时间和多元教学模式;对实行中高职贯通培养的专业,结合实际情况制订相应的人才培养方案。

(四)优化师资队伍建设

师资队伍建设是提高人才培养质量的人力资源保障,加强"双师型"教师队伍建设是职业院校尤其是民办高职院校发展的命脉。民办高职院校应充分发挥用人机制灵活的特点,以现代高等职业教育对教师队伍的要求为标准,以全面提高师资队伍素质为目标,以优化教师队伍结构为重点,实施教师职称学历提升、师资培训、教师企业实践、高层次人才引进计划、行业企业技术骨干和能力巧匠引进计划,着力于学术带头人和核心团队教师队伍的选拔和培养,建立有利于优秀教师脱颖而出的激励机制。如开展"老带新""传帮带""青年教师助教制"、送培制、教学技能竞赛、双教师上讲台授课等活动,促进教师提高教学能力和实践技能,逐渐形成教师队伍结构合理、"双师型"教师队伍符合要求的优秀专业教学团队,提高教师队伍整体水平。

(五)建立产教融合机制

校企深度合作、产教深度融合要求高职院校在办学中引入企业进行合作办学、合作育人、合作就业、合作科技开发、合作培养师资,实行"双重主体"育人模式,明确学生学徒"双重身份",实现产教供需"双向对接",因此建立并形成校企产教融合长效发展机制刻不容缓。民办高职院校应发挥体制机制优势,搭建校企合作平台,创新合作机制,推进产教融合,共同提高专业人才培养质量。如建立校企社政合作发展理事会、打造校企联盟等,制定《校企合作办学管理办法》《校企合作办学经费管理办法》《基于校企社政合作体制机制创新的后勤保障制度》等一系列合作办学管理制度,建立起专业建设动态调整机制、"专兼结合、双向流动"的师资队伍建设机制、共建共管共享的基地机制和社会服务能力提升机制,形成有利于促进校企合作的资金管理、人员配置、场地和设备管理、教学运行、科研管理、社会服务、学生管理以及后勤保障的制度体系、工作流程和运行机制,在全院营造校企合作的工作氛围,使"双重主体"育人在教学建设与管理中的作用得到有效发挥,真正实现校企一体化培养人才和校企资源互补,形成"校中有企、企中有校、产教融合、校企同质"的创新发展模式。

三、总　结

人才培养是一项系统工程,随着社会经济的不断发展、产业升级对专业人才培养质量要求的不断变化、就业竞争的日益激烈,民办高职院校的发展面临着更大的挑战,我们应加强校企合作、深化产教融合,整体推进人才培养的每一核心要素,充分发挥人才培养中的每一核心效能,全面挖掘潜力,整合资源,形成合力,共同促进民办高职院校人才培养质量的提高。

参考文献

[1] 辜秋琴,黎玲.新常态下中国产业结构优化升级的新思路[J].中国集体经济,2016(18):
21-22.

［2］刘洁.生源结构多元化背景下的高职院校班级管理方法与模式探讨［J］.考试周刊,2014
（11）:170-171.

［3］曾明.新时代背景下高职院校提高人才培养质量的思考［J］.知识经济,2018,482（23）:
174-175.

［4］杨俊萍.新时代背景下高职院校人才培养模式探讨［J］.科教文汇:上旬刊,2018（25）:
87-88.

发挥重庆智能产业优势
共推教产融合反哺共育发展
——解读"校企合作"策略及路径探析

张德欣

重庆海联职业技术学院

摘　要:结合重庆智能产业开展校企深度合作,对推动双方共赢意义重大。校企合作虽是老生常谈的话题,但一直存在"两张皮"等问题难以突破和解决。本文对"校中有企、企中有校、教产融合、校企同质"予以解读,并以此为基础,从人才培养、专业共建、教材研发、岗职位标准设定、实习就业、人才互用、成果互认七个方面对校企合作发展路径予以分析,期冀管窥之见对解决该问题起到绵薄之功。

关键词:智能产业;校企合作;教产融合;产教融合;校企同质

重庆智能产业发展迅猛,对校企合作意义重大。对于"校中有企、企中有校、教产融合、校企同质"问题,教育部会同国家发展改革委、工业和信息化部、财政部、人力资源社会保障部、国家税务总局于 2018 年 2 月制定了《职业学校校企合作促进办法》,对校企合作、教产融合从政策制度层面加以较为系统的规定。其中第十条和十一条规定:鼓励有条件的企业举办或者参与举办职业学校,设置学生实习、学徒培养、教师实践岗位;鼓励规模以上企业在职业学校设置职工培训和继续教育机构;鼓励和支持职业学校与相关企业以组建职业教育集团等方式,建立长期、稳定合作关系。

在产教融合、校企合作、工学结合、知行合一的共同育人机制利好政策下,学校应主动作为,打造实力,最好能够实现"企业是自己的,学校是自己的,更高一层、更快一步",因为教会学生行业、职业、工种、岗位所需要的技术、技能,对职业院校的学生至关重要;没有充分而良好的就业、实习、实训等实践的机会,断难达成培育优秀学生的目标,实行产教融合更能展现学校的品牌实力,提升学校的美誉度,赢得社会的认同感。

一、重庆智能产业发展概况

重庆智能产业发展已处"第一方阵",下一步目标是建设"智造重镇、智慧名城"。在 2019 年智博会上,重庆响亮地提出,集中力量建设"智造重镇"和"智慧名城",贯彻落实习近平总书记贺信精神,推动高质量发展,创造高品质生活,在数字产业变革中驭势而为,掌握新一轮科技革命主动权。

首届智博会集中签约的重大项目约八成已落地生根,马云、马化腾、李彦宏、雷军、杨元庆等国内外大数据智能化领域 215 名业界翘楚、商界大咖"智"会山城;阿里云重庆创新中心建成,腾讯西南总部于 2019 年 8 月 25 日宣布启用;新一年智博会,华为、联想、紫光、浪潮等新一批重点项目签约重庆。智博会签约项目超过 600个,从 5G 到 AI,从物联网到工业互联网,从智能终端到网联汽车,再到智能无人机、移动大数据、区块链技术,一个智能产业生态圈正在重庆建立。

智能生态在重庆重塑行业,而智能产业必将重塑重庆产业形象。马云曾说"过去人类是依水而聚,未来会依照数据而居住",这预示着在未来数字产业化、产业数字化的过程中,重庆——这座占据着"一带一路"与长江经济带联结点、依靠陆海新通道的内陆城市,必然受益匪浅。

如果说智博会推动了重庆乃至中国的数字经济,那么,永久落户重庆,则如同一方沃土通过展示大数据智能化最新产品、技术成果,引领全球智能产业发展风向来为重庆智能化产业发展孕育新生力量。

重庆智能产业的发展对校企合作意义重大,理想的模式是实行"校中有企、企中有校、教产融合、校企同质"战略。

二、"校中有企、企中有校、教产融合、校企同质"战略的解读

1. 校中有企、企中有校

为强调其融合关系,"校中有企、企中有校",不便分开解读,因为其体现了校与企的"你中有我、我中有你"的密切关系,类似于"前校后厂、前厂后校""校中厂、厂中校",校企共推,校企共建,校企共进,校企共达,达致校企合作的美好愿景。

2. 教产融合

在教育部等六部委的文件中,在校企合作场合,更常见到的是"产教融合"的提法。"产"放前,"教"放后,虽都是"融合",但侧重点大有不同,有"此融合彼",

和"彼融合此"的区别,"教产融合"的提法更为科学,侧重点在"教",凸显了"科学技术是第一生产力"的作用,突出了"教"推动"产","产"融合"教",相互融合,互推共进的良性循环效果,更加强调了教、产"哺"与"反哺"的共育关系,更有利于推动校企合作的发展,"教产融合"的提法也与"校企合作"的提法相对应。

3.校企同质

校企是一体的,是同质的,在权属上都属于学校,在品牌上都属于学校品牌,在理念上都贯彻办学情怀,在机制上都以发展某一产业为宗旨,在战略上都属于双方的中长期计划,在导向上都以"培养合格的社会主义建设者和接班人"为目标。一言以蔽之,这些都是以学生为中心、以相关专业产业发展为核心而进行的,为学生的"终身发展"服务,故"校企"是"同质"的。

三、"校中有企、企中有校、教产融合、校企同质"的发展路径探析

有鉴于此,笔者尝试对校企合作的共赢互推、教产融合模式予以"管中窥豹式"的探析,能见其一斑,有寸瓦之功,即已足矣。校企合作的"共赢互推、教产融合"模式,无外乎从以下七个方面努力。

(一)共撰方案,共定规格,清晰育人目标

校企应共撰方案,共定规格,让人才成为"社会主义建设者和接班人",为企业所用,为市场所用,为社会所用。企业深度参与,认真参与,使教产深度融合,无缝对接,实现学校培养人才规格和企业用人标准高度统一,缩短学生适应岗位的周期,增强其匹配度和胜任岗位的能力。

具体而言,校企应结合专业发展特点、企业岗位职位需求确定所开具体课程、培养学制、理论学时、实践学时、理论实践比例、课程学分、能力目标、素质目标、职业导向、整体要求与细节规定,管用、够用、好用,有效防止教产脱节,落后于市场,落后于形势,落后于产业,有效避免人才的市场疲软,为企业增效,为学校添誉,为社会赋能,为个人加值,促使学生的个人价值与社会价值得以充分实现。

(二)共建专业,资源共享,推动教产的迭代发展

教育的研究能力优势,企业的硬件资源优势,强强联合,软硬结合,资源共享,效益共享,研究该研究的,研究产业需要的,切实推动产业发展的内容,真正发挥"科学技术是第一生产力"的优势作用,培育"工匠精神",培养"工匠人才",推动教产真正融合,促进教产迭代发展,引发优势的几何规模效应。

"教产"本应一体,"教"中有"产","产"中有"教","教"推"产","产"助"教",强强合作,共赢发展,互为循环,互促互推,实现"马太"叠加效应,实现教产迭代发展。

(三)共研教材,寻找教产痛点,弥补传统育人的弊端与短板

清晰"教"之痛点、"产"之痛点,厘清两者关系,明晰"教"之痛点是否为"产"之痛点,"产"之痛点是否为"教"之痛点,抑或是否为双方的共同痛点。

结合产业所需,解决产业所急,适应产业趋势,解决产业难题,契合岗位、工种需要,研发教产针对性强、匹配度高、适用效果好的教材,找准学生的能力弱点、不擅长点、易出问题点,确定教学相应重难点,因材施教,强化施教,因产施教,形成快速肌肉反应,促成良性定势效应,培养科学思维能力,铸就强厚技术技能,弥补教育短板。

(四)共定标准,以教促产,以产助学,推动教产科学可持续发展

共定职位、岗位、工位标准,以教促产,以产助学,将教育中的教学成果、研究成果及时、有效、快捷地转化为企业的职位、岗位、工位标准,成为企业的推动力量,有效预判未来的市场和发展趋势,防止企业误入歧途,逃脱"富不过三代"的魔咒,推动产业又好又快地发展,既有"金山银山",又有"绿水青山"。

同时,须将产业中的新成果反馈到教学中,采用新技术,使用新标准,更新教学内容,革新教学方式,推动教育教学现代化、产业化、智能化,反映产业的最新趋势、最新成果、重点难点。

(五)共推实训,共促创业、就业,培养有用的后续人才

"学徒制"培养、"订单制"培养是值得尝试的模式,其核心均在于岗位、职业技能的强化性训练,前期的认知实训,中期的跟岗实训,后期的顶岗实训,最终的就业、创业,皆如此。"做"中"学","学"中"做",才能记得牢,用得上,这也是教育家陶行知先生极力推崇的教育方式。

职业教育集团的建立,"校"中"企","企"中"校"的模式,使培养的人才更符合岗位要求,更符合企业需求,解决了学生"就业难、难就业、难就好业"的困境,同时也为产业培养了良好的后续人才,有效地推动了产业的可持续发展。

(六)互聘互用教产人才,破除教产融合障碍,促进教产顺利发展

将行业中的能手巧匠、一线的企业人才、高精尖人才,聘入教育行业参与教学。高人指点胜苦思多日,事半功倍。行业中的精英参与教学实训,教育中的精英入"产"研创,双向互动,人才共用,资源共享,"产"而优则"教","教"而优则"产"。

在不同的方面、从不同的角度相互学习,有利于发挥人才互换带来的资源优势,有利于弥补各自人员的不足,更有利于"教""产"两方面人才全面而均衡地发展,互认互推,共建共推,有序发展,和谐共赢,形成有机、一体的良好局面,破除教产融合障碍,促进教产顺利发展。

(七)互认教产成果,排除体系障碍,有效发挥教产优势效应

产业中的有效成果,及时转化为教育教学资源,予以科学运用,外化为人才的规格标准、素质要求、能力尺度、职业要求,通过施教内化为学生的基本职业技能、岗位要求的职业能力,发挥产业所带来的人才培养效应。

教学中的研发项目与成果,及时有效地转化为科学技术,成为产业的第一推动力,同时在施教中注意受体的不同,因材施教,有利于找到更好的能为产业带来更大效应的技术技能型人才。如此,以教推产,以产促教,有效发挥教产的优势效应,形成良性的叠加综合效应。

四、结　语

校企合作涉及多元主体,牵涉多重因素,对校方和企业方皆意义重大。规范校企关系,建立共赢机制,促进双方积极性和主动性的发挥,是一项系统工程和重大课题。

囿于笔者知识结构、时间、精力、研析能力和文章篇幅等原因,以上解读,难以全面兼顾,难免存在偏颇或不周之处,难逃粗枝大叶之嫌,但力争达到透过现象看本质的效果,起到抛砖引玉的作用。

校企合作、教产融合,至关重要。关于其探索,我们仍将继续,仍将在路上。

参考文献

[1] 陶行知、张素闻. 人生为一大事来 陶行知教育集(评注本)[M]. 北京:中国纺织出版社,2017.

[2] 石中英. 知识转型与教育改革[M]. 北京:教育科学出版社,2001.

[3] 秦立春. 发达国家校企合作办高职院校的启示[J]. 中国高等教育,2002,23(12):41-42.

[4] 胡艳曦,曹立生,刘永红. 我国高等职业教育校企合作的瓶颈及对策研究[J]. 高教探索,2009(1):103-107.

[5] 黄亚妮. 高职教育校企合作模式初探[J]. 教育发展研究,2006(10):68-73.

港航集装箱物流校外联合实训功能体系构建

张 莹

重庆海联职业技术学院

摘 要:校外实训联训是高职院校实训教育的重要方式,是校内实训教育的重要补充。港航集装箱物流专业校外实训联训包括企业顶岗实训、校外实训以及区域内同类院校实训联训等。本文通过对港航集装箱物流专业校外实训联训进行讨论,分析了校外实训联训的功能特点,构建出实训联训体系,以期对港航集装箱物流专业高职学生进行专业实训和顶岗实训的建设和指导,弥补自身校内实训中心和生产性实训基地的不足,为提高院校实训教育的效能发挥积极的作用。

关键词:港航物流;集装箱运输;校外实训联训;功能体系

一、港航集装箱物流实训模式分析

(一)港航集装箱物流专业学生实训系统规划

港航集装箱物流实训系统是复杂的多因素、多环节交错的系统,其囊括了学院、企业、社会及政府等各个机构,包括了管理制度、运行机制、评估方法等在内的软件建设,是一个系统性的建设项目,必须以系统论的观点进行分析。

根据港航集装箱物流专业教学目的和学生能力培养的要求,设计港航集装箱物流专业学生实训功能流程,见图1。

(二)港航集装箱物流校外实训联训系统

港航集装箱物流校外实训联训的基本功能框架为:课堂教学(基础理论知识讲授)——校内实训中心课程实训(做到理论与物流实务结合学习)——校内模拟专业实训(巩固理论基础知识,模拟操作专业业务流程)——校外实训基地实训——企业顶岗实习。

根据系统论观点,综合实训系统建设方案以及实训培养流程等各方面要素,建立基于"系统论"的港航集装箱物流实训系统:依靠校内实训中心进行课程实训、教学实训、软件系统仿真模拟实训、校外实训基地专业实训和企业顶岗实训四条轨

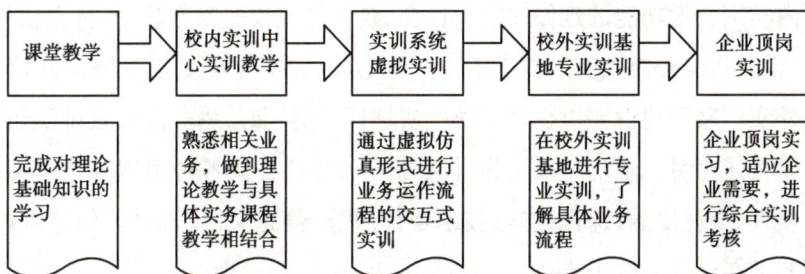

图1　港航集装箱物流专业学生实训功能规划

道交互并行,形成以理论知识教学、专业实训和综合实训三联动的人才培养模式,互为补充,相互配合,从而建立既能满足学生单项业务技能专业训练、交互式模拟训练的需求,也能通过企业实战、顶岗实训满足企业岗位对港航集装箱物流人才需求的综合实训系统。

系统软件仿真模拟实训、校内实训中心专项实训、校外实训基地见习实训以及企业顶岗实训四个部分构成了港航集装箱物流实训系统的功能模块,几个要素之间相辅相成、相互统一,形成了学习知识与技能实训的全过程、全系统(图2)。

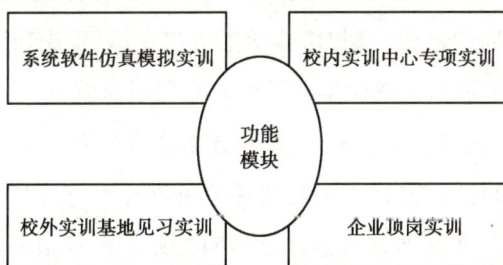

图2　港航集装箱物流实训系统的功能模块

其中,校外实训联训主要立足于政府与社会力量建立的实训基地,其具体学科专业性强,与社会和企业结合度相对较高,能帮助学生充分接触实际工作岗位。

校外实训联训可以充分利用学院、社会与企业的力量,通过计算机教学、实体教学和实践教学的融合,完成对学生理论知识与业务技能的培训。在实训过程中,充分调动企业、社会和学院的契合度,有利于培养双师型教师,实现产学研合作途径的拓展。

二、港航集装箱物流校外实训联训功能设计

(一)港航集装箱物流校外实训联训功能要求

校外实训联训是高职院校实训系统的重要组成部分,通过校外实训联训可以

完成校内实训教学功能的延伸,政府、社会、企业与院校的四方联动,将企校外的技术力量、设备优势补充到实训教学中,发挥全方位人才培养战略,实现双赢目的。

校外实训联训建设要求在完成学生实训任务的同时,培养院校教师队伍,提高学院教学科研力量。学院可以为校外实习实训基地开设各种类型的非学历教育,在人才培训、委托培养、课程进修、技术咨询服务、信息交流、成果转化等方面对校外实习实训联训优先给予支持。

(二)港航集装箱物流校外实训联训主要任务

1.为学生提供实践实训的真实环境

通过制订实训方案,设计任务驱动性实训任务,在锻炼实训学生基本技能和培养职业素质的同时,让学生真正参与到企业正常的业务运营过程中,通过具体岗位实践,进行顶岗实训,让学生获取一线实训工作经验,培养学生发现问题、解决问题的能力,锻炼学生的协调能力、任务配合能力,为学生今后从事各项工作打下良好的基础。

2.培养学生的职业素质和职业道德

通过校外实训基地以及企业实训基地实训,让学生接触到真实的工作生活环境,对实训学生进行职业道德培训,培养学生遵纪守法、爱岗敬业的精神。在锻炼实训学生实践技能的同时,培养学生的职业素质和职业道德。

3.提高教师实践技能和职业能力,提升行业技术水平

根据专业培养目标的要求,依据实训基地岗位设置、实训项目设计,与学校共同制订实训培养方案、实习实训计划。承担对“双师型”队伍的培训任务,通过合作协议,院校教师以兼职或进厂工作等形式进行职业技能培训,提高实训教师的实践技能和职业能力。借助企业生产能力以及院校教师基础理论过硬的优势,开展科研合作,提升行业技术水平。

三、港航集装箱物流校外实训联训体系构建

(一)港航集装箱物流校外实训联训体系建设分析

校外实训基地包括了企业顶岗实训联训、社会公共实训联训、区域性的院校实训联训三部分。校外企业顶岗实训联训是高职院校实训系统的重要组成部分,是高职实训教学体系的关键环节。

1.企业顶岗实训联训建设

通过企业实训联训建设,企业与学院建立协同实训机制,以实现岗位“零距

离"接触,让实训学生在真实的企业环境中完成综合职业能力和业务技能的锻炼,实现理论知识与职业技能的全面提升。在企业顶岗实训基地实训过程中,企业可以充分利用学院人员技能以及学院的科研技术力量提高企业的发展,而学院可以根据企业具体用人需要和企业发展动态,不断改进学院的职业教育,帮助学院培训指导教师,培训更多的"双师型"教师。

2.社会公共实训联训建设

社会公共实训联训应集高职教学实践训练、继续教育技术培训、职业基地技能培训鉴定、生产建设技术服务、职业教育合作交流、职业素质培育训导等功能于一体。在实训结构上,它是集教学、培训、科研三位一体的多功能教学培训联训,公共实训基地作为人才培养的"两地、两场",不仅是学生职业技能培训基地和"双师型"教师培训基地,而且也是职业教育能力的开发场所和学生职业素质的训练场所。

3.区域性的院校实训联训建设

区域性的院校实训联训是指在区域范围内高校实训基地的建设,在高职学院学生实训教育过程中,可以通过与相关高校建立区域性实训基地资源共享机制,实现区域性联合实训。

(二)港航集装箱物流校外实训联训基地建设

校外实训联训是一个综合性、系统性的过程,其贯穿了校内实训基地、公共实训基地、社会实训基地、企业实训基地实训全过程全要素,各实训模式在高职学院实训联训中担负着不同层次的能力训练任务。

1.第一梯次 校内实训联训基地

校内实训联训建设,包括高职学院自建实训基地以及区域内高职学院实训基地。校内实训基地开展以实训中心、实训室以及生产性实训基地为主的实训,帮助学生实现基础理论知识与基本操作技术的统一。

2.第二梯次 公共实训联训基地

社会公共实训联训建设,通过社会实训基地提供仿真技术训练条件和准职业环境,以专业技能训练、职业资格培训、行业技术锻炼为主,帮助学生提高职业能力和业务技能。

3.第三梯次 企业实训联训基地

企业实训联训建设,通过企业实训基地实训,可以为实训学生提供真实的工作环境,执行标准的行业规范,帮助学生顶岗实训,在实际工作岗位上锻炼实践操作能力,完成关键能力的培养,从而实现高职院校学生职业道德素质和企业素质养成的教育目的。

(三)港航集装箱物流校外实训联训体系设计

根据上述分析,建立港航集装箱物流校外实训联训体系,见图3。

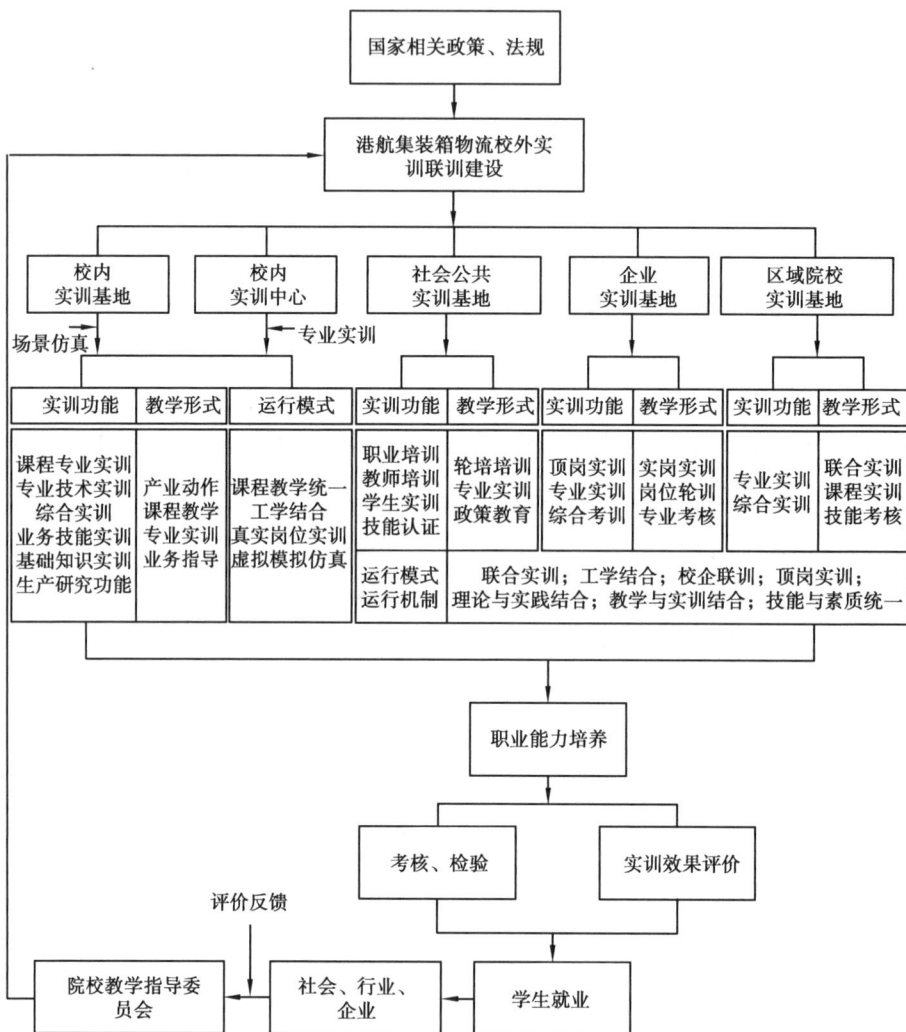

图3 港航集装箱物流校外实训联训体系

通过区域实训联训体系建设,整合高职院校校内实训中心、校内生产性实训基地、区域内高职学院实训中心、社会公共实训基地以及企业顶岗实训基地,充分发挥区域联合实训的推动力,提高港航集装箱物流实训系统效能,培养高职学院实训学生的职业素质和业务技能。

通过一系列活动,实现校外实训联训多点开花,提高学院港航集装箱物流实训系统的效能,保证毕业学生职业素质和业务技能素质的提升。

四、重庆海联职业技术学院港航集装箱物流校外实训联训实践

重庆海联职业技术学院已与重庆港九股份有限公司、万州港口(集团)有限责任公司、重庆东港集装箱码头公司、青岛前湾联合集装箱码头有限责任公司、江苏连云港港口股份有限公司等建立校企联合实训协议,见表1。

表1　港航集装箱物流校外企业实训基地

实训企业	建设内容
重庆港九股份有限公司	主要从事港口客货运输、集装箱运输、大件运输、仓储服务等水陆中转服务,是长江上游唯一的对外贸易类口岸和西南地区水陆交通枢纽
万州港口(集团)有限责任公司	主要经营港口装卸、长江航运、航务船舶修造、港口机械修理
重庆东港集装箱码头公司	国内外货物(含集装箱)装卸,船务代理、货运代理;仓储、保管、加工、配送及物流信息管理;港口码头建设、管理和经营
青岛前湾联合集装箱码头有限责任公司	主要从事集装箱租赁、集装箱码头经营、综合物流及集装箱制造等业务
江苏连云港港口股份有限公司	主要从事港口货物的中转装卸、堆存及相关港务管理业务,是长三角港口群中的主要枢纽港

在校内,重庆港九股份有限公司与学院组建了校内生产性实训基地,从2014年到2017年共接纳顶岗实训学生200余人,共邀请企业技术人员30余人次到学院进行指导教学,学院共组织5批次教师员工进入联训企业进行兼职锻炼。

在校外,学院与重庆大学、重庆工商大学、重庆工业职业技术学院、青岛港湾职业技术学院、天津海运职业学院以及四川交通职业技术学院建立了校外联合实训基地共享联合实训协议,形成了院校间港航集装箱物流专业综合实训培养。

积极开展学生职业资格认证培训和考试活动,通过各类社会职业技能培训机构进行职业资格培训,强化职业技能锻炼。近四年来,共有80余人取得了物流师、报关员、报检员等各类职业资格证书,有20余名教师参加了全国高职高专教育教

师培训联盟举办的国培,其中物流管理专业5人,港口集装箱物流专业10人,国际贸易与多式联运专业2人,其他专业3人。

参考文献

[1] 洪贞银. 高等职业教育校企深度合作的若干问题及其思考[J]. 高等教育研究, 2010 (3):
    58-63.

[2] 刘长志. 高职机制专业校企合作建设校外实训基地的实践研究[J]. 科技创新导报, 2014
    (1): 27-27.

[3] 楼一峰. 高职公共实训基地建设的目标定位及管理体制与机制[J]. 职教通讯:江苏技术
    师范学院学报, 2017 (3): 20-21 + 31.

[4] 张莹. 高职院校港航集装箱物流实训系统规划与建设研究[D]. 重庆:中国人民解放军后
    勤工程学院, 2015.

校企合作模式下的
高职高专"大学语文"教学现状及策略研究

瞿 静

重庆海联职业技术学院

摘 要:校企合作模式得到了高职高专院校和企业的高度认可,同时也提出了相应的要求,而"大学语文"作为培养学生人文素养和综合能力的学科,目前存在一些教学问题。我们可以引进职业化的教学模式,以教学内容多样化、注重教学个性化、建设多元化评价体系等进行教学改革,使"大学语文"的教学能更好地适应校企合作的模式。

关键词:校企合作;"大学语文";教学现状;策略研究

2014 年,国务院印发《国务院关于加快发展现代职业教育的决定》(以下简称《决定》),《决定》提到:职业教育需"服务需求、就业导向",还需"产教融合、特色办学,突出职业院校办学特色,强化校企协同育人"。这说明职业教育受到了重视,同时也有了新的要求。"校企合作"就是一种学校和企业建立的合作模式。企业提出所需人才类型,为学校提供实践设备和就业场所,学校为企业培养和提供人才,解决企业用人危机,是一种"双赢"的模式。在这种新模式下,我们的学科教学需要进行创新改革,而"大学语文"作为各个高职高专院校的基础学科,对培养学生的人文素养和综合能力都有非常重要的作用;在这种新模式下,其教学改革有些流于形式,缺乏创新,不利于校企合作的长期性发展。那么高职高专"大学语文"的教学现状如何,应该怎样进一步改革呢? 笔者试做以下分析:

一、高职高专"大学语文"的教学现状

虽然国务院提出校企合作、产教融合已有多年,纵观高职高专"大学语文"教学,其对校企合作模式在高职高专"大学语文"中的运用的探索是不够的。结合其他院校的研究成果再联系我院的实际情况,笔者总结了如下几个较为突出的问题。

(一)改革流于形式,教学内容单一、固化

校企合作是以培养专业人才为目的,教师在"大学语文"教学时应该适应改革

的需求,但是在实践中我们发现,许多高职院校虽然都大力提倡"大学语文"的教学改革,但是这种改革流于形式,教学内容依然单一、固化,仍然以书本知识为主,书里面有什么就讲什么,在讲解课文时,也是差不多的思路,没有体现高职高专特色。比如:讲现代文就是背景分析、课文分段、总结段落大意、总结中心思想;讲文言文就是作者简介、字词解释、分析写作特色;讲诗歌就是花大量的时间去解读诗的内涵和意思;讲小说,就是分析小说里的人物形象等。往往每个教师自认为充分备了课,但是课堂效果却不尽人意,睡觉和玩手机的学生比比皆是,老师时常抱怨学生不想学。笔者为了弄清楚学生是否是真的不想学,做了一份问卷调查,在 100 份问卷中,收回 95 份有效问卷,其中认为有必要开设"大学语文"这门课程的占 93%,被问到"你认为的'大学语文'应该更注重什么?"99% 的同学勾选了"实用性,与专业相关",可见不是学生不想学,学生也是很迫切地想要学好"大学语文",只是他们更希望接受对他们的专业发展有用的东西,而不是千篇一律的语文课程讲授。

(二)教学方法守旧,缺乏创新

在校企合作模式下,高职高专"大学语文"教学普遍存在教学方法守旧、缺乏创新的问题,仍然以"老师为中心、书本为中心、课堂为中心"的方式为主要教学模式,采用讲授法、分析法和直观演示法等作为主要教学方法,常常是教师讲满堂,单向灌输,学生被动接受,默默记笔记,或是干其他无关的事。在"大学语文"教学情况的调查中,85% 的学生勾选了"老师与学生缺乏互动"这一项。长此以往,学生的学习主动性渐渐消失,对课堂也就失去了信心。在校企合作模式下,只有结合企业的需要,做出适当的教学创新,才能有利于高职高专院校的长期发展。

(三)教学对象分析不到位,缺乏教学个性化

教学对象是教学的主体,教学成功与否,很大程度上取决于教学对象是否肯定和用人单位是否肯定。校企合作模式下的"大学语文"教学是特别的,虽然同为一门课程,但是教学对象的专业不同、性格不同、爱好不同,实施的教学也应有所不同。所以,应先是弄清楚用人单位的需求,认真分析教学对象,再有针对性地实施"大学语文"的教学。但在实践中我们发现,大多数的高职高专教师在分析教学对象这一块做得不够细致,没有进行个体划分;还有一部分教师可能担任了三四个专业的"大学语文"课程的教学任务,但是教案往往只有一个,忽视了学生的专业需求,讲的东西千篇一律,缺乏教学个性化,导致学生上课要么唉声叹气,要么毫无反应。

(四)传统的考评模式,具有片面性

目前高职高专"大学语文"的考评模式太过传统,存在许多不足之处。

1.考评方式单一

高职高专"大学语文"的考评方式几乎都是闭卷考试,其试卷的构成大多是名词解释、简答题、分析题等,主要是针对学生书本知识的掌握情况,学生只需要记住相关内容便可顺利过关,这对学生的文学素养、综合能力等无法进行有效评价。

2.课程考核无法反映学生真实水平

目前绝大多数的高职高专期末考核成绩大多是由平时成绩的30%加期末卷面成绩的70%来计分,这种考核方式难以反映学生的真实水平。如学生的平时成绩(出勤分、课堂表现分、作业分)几乎都是教师酌情给分,没有统一标准,而且出勤、作业、课堂表现并不能体现一个学生的文学素养和综合能力。第一,学生上课本应到课堂,没到是错,到了并不该加分;第二,普遍存在作业抄袭现象,教师布置的作业大多只有几个不同版本,其他的几乎一致;第三,课堂上的确有同学很积极,也表现出了较好的综合能力,但是在实践中我们发现更多积极的学生只是为了课堂表现分而积极,并没有表现出自身素养。

3.评价的主体单一

高职高专中课程考核的评价主体主要是教师,在评价学生的时候容易以记忆力、观察力、注意力等智力因素作为主要评分点,在校企合作的模式下,企业真正用到语文专业知识的时候是非常少的,但是却在一些非智力因素如情感、价值观、道德及职业素养等方面较重视,所以目前高职高专"大学语文"的考核仅仅由教师来作为评价主体,存在一定的片面性。

二、校企合作需求下高职高专"大学语文"教学改革对策

针对高职高专"大学语文"教学现状,结合校企合作模式下企业的需求,"大学语文"作为高职高专文、理、工科的公共基础课,必须在教学中以企业需求为导向,突出"大学语文"的职业性和工具性。在实践中我们发现,各个行业对所需的人才都会有理解能力、语言表达能力、交际能力、文字解读能力、分析能力、书写能力、审美意识、服务意识、道德观念、价值观判断等相同的职业能力要求。因此我们可以在"大学语文"教学中深挖与各个职业相关的东西进行教学,然后再针对不同的专业进行个性化、个体化教学。笔者从以下几个方面具体分析。

（一）引进职业化教学方式，与学科有机融合

校企合作最直接的目的就是希望学校为用人单位提供最符合他们需求的、拥有专业技能的、具备相应职业素养的人才。所以在高职高专"大学语文"的教学中，我们应该更加注重职业化，而不是简单的课文讲解。"大学语文"职业化的教学方式可以采用情境模拟法、角色扮演法、案例分析法等来具体实施。如张若虚的《春江花月夜》，我们在为信息技术专业的学生授课时，可以让学生利用专业知识和信息技术再现情境，最终成果可以是图片、视频等。学生在制作图片和视频的时候既能体会"春江花月夜"的美，又能再次复习自己的专业知识。再如曹禺的《雷雨》，我们可以创设情境，也可以进行角色扮演，其中鲁大海作为罢工工人代表去周朴园家谈判交涉，这个过程可以让学生发挥自己的想象，运用自己的语言表达能力进行艺术再创造，如此既能让学生更好地掌握《雷雨》的内容，又能让学生体会职场交流的技巧。在"大学语文"教学中引入职业化教学方式，不仅能提高学生的学习兴趣，更能提前让其感知职场，为毕业后进入职场做好思想准备和知识准备。

（二）教学内容多样化，激发学生学习兴趣

教学内容安排得恰当与否，是评价一节课好坏的关键。以往教学中教学内容单一、固化，会大大降低学生学习兴趣。为了激发学生学习兴趣，"大学语文"的教学内容必须多样化。

1. 增加与口语能力相关的教学内容

在教学中，我们可增加与口语能力相关的教学内容，如航空专业在语言表达能力上有较高要求，在课文阅读的基础上，让学生对所学课文进行发散性描述，如《春江花月夜》，除了课文的基本讲解外，让学生描述自己眼中的"春江花月夜"，锻炼学生的口语表达能力。

2. 增加与职业道德相关的教学内容

职业道德是各行各业都需要的，而"大学语文"作为人文性学科，在学生的道德价值观判断等方面起着非常重要的作用。我们在教学时，可以增加相应的内容，如《垓下之围》中，项羽留下虞姬突围，可以请学生们讨论此决策是否正确，引导学生树立正确的道德价值观。

（三）注重教学的个性化、个体化

在"大学语文"的教学中，要注重教学的个性化和个体化，其个性化主要是指专业不同，讲授方式或提问方式就应不同。比如同是讲解《窦娥冤》，专业不同，提出的问题的着重点就不同。针对航空专业，可以问"如果你是飞机乘务员，在飞机上有人冤枉他人，你怎么处理?";针对法律专业，可以提问"如果你是窦娥的辩护律师，你该如何帮助窦娥?";针对文秘专业，可以提问"如果窦娥是你的领导，你要如何帮领导向众人解释情况?";等等。让学生利用自己不同的职业思维去上"大学语文"课，既能让学生积极主动地参与到课堂中，又能很好地满足职业需求。其个体化主要是指学生本身有兴趣、动机、需求方面的不同，所以即使是针对同一专业的学生，在教学中也应有细微的差别，这就需要教师认真分析教学对象，做出适当调整。

(四)建设多元化评价体系，全面评价学生

校企合作模式下的学生培养，要更多地考虑用人单位的需求，所以我们要打破以教师为主体的评价体系，建设多元化的评价体系，全面评价学生。

1.考评方式多样化

传统的考评方式以卷面成绩为主，无法反映学生的职业水平。经过实践，笔者发现在传统考评方式的基础上采用笔试与口试相结合的方式，增加职业情境模拟、企业实景操作等，所选拔出来的学生更能获得企业的认可。

2.评价主体多元化

评价主体由校、企两方来担任，学校方面由教师、辅导员、学生等作为评价主体。教师着重评价课堂表现、学习能力以及测试成绩;辅导员评价其课外交际能力、责任心等;还可学生互评、学生自评等。而企业方面主要从理解能力、语言表达能力、交际能力、文字解读能力、分析能力、书写能力、审美意识、服务意识、道德观念、价值观判断等方面进行评价。

总之，校企合作模式下的高职高专"大学语文"教学还有很多地方需要进行探索，我们要牢记高职高专学生的"大学语文"教学应以更好的就业为导向，这样我们就会有更多更好的对策去指导我们的教学。

参考文献

[1] 蔡虹.校企合作模式下高职语文教学研究[J].成才之路,2011(26):30-31.

[2] 张月林.职业院校语文教学的反思[J].时代农机,2017(10):244.

[3] 郭延兵.开放教育大学语文课程个性化教学模式探索[J].科技展望,2014(21):90.

[4] 高雅杰,郝春生.高职院校大学语文教学改革初探[J].教育与职业,2007(8):122-123.

[5] 李田秀.高职大学语文教学的危机及对策[J].现代语文:学术综合版,2014(11):106-108.

校校企合作"1+1+1"人才培养模式探索与实践

王晓勤　黄耀五

重庆资源与环境保护职业学院

摘　要：通过对校校企合作"1+1+1"人才培养模式的探索，确立校校企合作"3341"人才培养课程体系。探讨校校企联合培养模式，更加符合新形势下技能型人才培养的发展规律，拉近了校企需求对接的距离，是传统校企合作模式的升级版，为学校培养符合企业发展的高素质创新人才和技能技术人才提供了参考。

关键词：校校企合作；人才培养；技能技术人才

2017年，国务院办公厅印发《国务院办公厅关于深化产教融合合作的若干意见》，指出要深化职业教育、高等教育等改革，发挥企业重要主体作用，培养大批高素质创新人才和技术技能人才。

近年来，产教融合合作实践有成绩，有经验，也有误区。因为校企合作更多的是侧重个体的学校与个体的企业，是招生与招工双方的单一化的利益性合作，当某一方优势不够凸显，简单来说就是生源和工源供求不对等时，合作也就难以为继。因此，探索校校企三方合作新模式，更有利于产教融合可持续发展。

目前，关于校校企合作研究的成果不少，如邢晖《多方"合力"方能"给力"——中职跨区域合作办学现状调查》，朱有明《东中西部高等职业教育协调均衡发展研究》，佛朝辉《职业教育跨区域合作的中欧比较与借鉴》等。但是，这些研究实施不太普遍，合作办学的内容比较单一。基于此，本文结合我校与北京吉利学院和吉利集团项目实施过程，探讨校校企合作"1+1+1"人才培养模式，对加强产教融合适应新时期职业教育特点，提升两地学校品牌与竞争力具有重要借鉴作用。

一、校校企合作"1+1+1"人才培养模式的特点

随着新产业技术变革，企业急需大批掌握新产业技术的技能型人才。深化产

教融合,促进教育链、人才链与产业链、创新链有机衔接,是当前推进人力资源供给侧结构性改革的迫切要求。当前,我国职业教育合作办学层次浅,合作内容简单。

校校企合作"1+1+1"人才培养模式旨在学校自身校企合作的基础上引入第三方院校,即另一个"校";并通过实施"企业订单班"项目,按照"五定三共同"培养方案,在人才培养上实现"协同引人、协同育人、协同留人",与合作院校共同推进,构建"三段四层一贯穿"人才培养课程体系。

二、校校企合作"1+1+1"人才培养模式的优势

校校企合作是三方合作,是校企合作的另一种方式,目的是在学生联合培养、实习就业、团队建设、科技合作、产学研发等方面加强合作,产教融合,共同助力企业产业的发展。校校企三方合作新模式,结合高校资源、企业人才要求,按照行业先进水平,共同搭建专业订单专项人才培育基地。联合办学中教师在企业了解新技术、新工艺,改进教学,培养更贴近企业需求的人才。校校企三方联合办学具体优势如下:

一是解决一方学校招生少,培养过程少的问题。形成招生和就业合作办学的主要内容,形成"1+1+1"的合作办学格局。招生和就业分别置于职业教育的两端,在人才培养过程中端由专业优势突出、实力雄厚的高职院校负责。

二是对口帮扶专业优势相对较弱的学校。在校校企三方联合办学过程中通过捐赠、帮建和项目开发等形式合作,在设施设备及校舍、实训基地建设等硬件上,在合作的"软"要素如专业建设、课程开发、校企合作长效机制、师资培养方面帮扶优势相对较弱的学校。

三是合作建立合作项目标准和制度。以"1+X"证书制度建设为基础,促进学分互换和人才培养质量指标体系标准,实现以就业促招生,以招生促发展的格局。

三、校校企合作"1+1+1"人才培养模式的路径分析

(一)明确目标,共同制订人才培养方案

我校2019年7月与北京吉利学院、吉利集团针对2018级汽车专业学生采用校校企"1+1+1"人才培养模式。具体流程为:第一年在本校学习,第二年到北京吉利学院学习,第三年到吉利集团顶岗实习,毕业后直接到吉利集团工作,省去了企业单位培养的环节,学生到企业可以直接上岗。

基于三方办学优势,共同制订人才培养方案,同时密切跟踪2018级人才培养

方案执行过程。专业负责人赴北京吉利学院参与教学过程,通过听课和与专业教师及企业工程师深度交谈,与学生座谈交流等方法,了解培养方案的优缺点,与参与项目的学校在学校管理、师资培养、专业建设、教学评价以及学生就业指导等方面无缝对接,优化人才培养的知识、能力和职业素养,进一步明确和统一办学理念和目标。

(二)引入企业课程,共同构建课程体系

根据三方联合办学人才培养协议,合作采用"1 + 1 + 1"分段对接形式。课程体系构建中实现用人标准与培养标准、岗位标准与课程标准、技术操作规范与技能大赛规程的对接。第一学年:学生在本校学习一年,在此学习期间,由本校教师授课。因此在制订课程体系时,应充分利用三方师资优势,合理配置专业课程、专业必修课、专业选修课及实践课程,充分发挥老师的优点,实现课程体系的有机整合。第二学年:学生到另一个"校"进行专业岗位训练,让所学理论知识、专业技能在实践中得以检验,查漏补缺。第三学年:学生到企业进行顶岗实习,既可缓解学校设备少学生多的压力,又可满足企业岗位用工需求,学校可派专业教师进行跟踪管理,共同完成培养计划。

(三)建立"三段四层一贯穿"理论和实践课程体系

结合学校自身办学条件,采取分段教学、模块训练型课程模式,逐渐由基础向专业发展,分为基础教学、专业教学、专长教学、毕业设计与专业实习四个层面。基础学习和主体学习两个阶段在整个三年教学过程内,专业技术技能培训模块不断线,即"三段四层一贯穿"的课程结构体系(图1)。

构建"三段四层一贯穿"人才培养课程体系,不仅为企业锻炼出一批很快适应工作岗位的"准职业人",而且能让教师与技术工人、能工巧匠互相学习、取长补短,使教师的实践技能得到强化,专业知识水平得到进步,教学工作也得到促进。

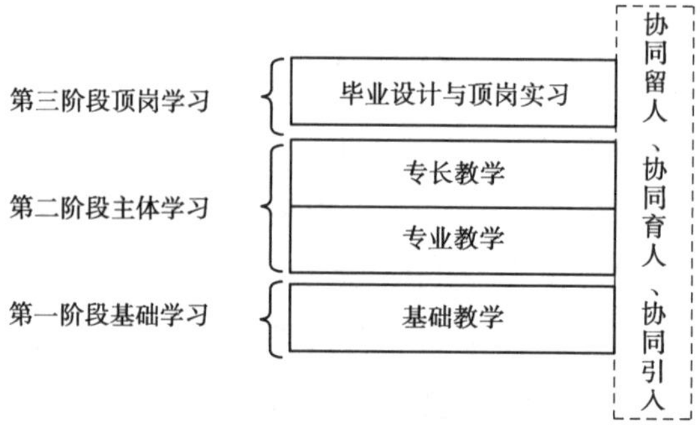

图1 "三段四层一贯穿"的理论和实践课程体系

(四)双标对接,严格过程考核

考核是检验项目实施过程中行为能力的手段之一。考核评价应由校校企三方共同执行,应注重在评价体系中引入双标对接,即"行业标准—职业标准—人才标准"。双标的对接,旨在实现教育链、人才链与产业链的对接,破解校校企合作办学过程中的持续性难题。三方共同成立校—校—企协同育人机构—校校企联合教学督导办公室,其成员由企业专家和学校教授共同组成,并制订《校企合作考核评价工作方案》《校校企联合教学督导管理办法》,校校企联合教学督导办公室成为校—校—企协同育人的常设机构。

对合作项目的考核具体制订了《校校企合作考核指标体系(试行)》,如表1所示。

表1 校校企合作考核指标体系(试行)

项目	考核内容	主要观察点	评分标准	备注
人才培养模式(20分)	订单培养人数	考察专业订单培养人数比例	本年度订单培养数	
	企业单位接受顶岗实习情况	考察本专业顶岗实习学生占毕业生比例以及专业对口比例	本专业顶岗实习学生数达100%,本专业毕业生专业对口率80%以上	
	其他	其他有利于学生职业能力养成的人才培养模式	学生技能竞赛、创新创业比赛等获奖	
课程与教材建设(20分)	共同开发课程数	校校企合作课程开发情况	按照共同开发课程与专业课程总数赋分,1~3门:2分;4~10门:4分;11门以上6分;国家级、省级、院级精品(资源共享)课分别上浮4、3、1分	

续表

项目	考核内容	主要观察点	评分标准	备注
课程与教材建设（20分）	共同开发出版教材数	校校企合作开发教材情况	按照共同开发教材与专业教材总数赋分，1~3套:2分；4~10套:4分；11套以上6分，国家级、省级、院级精品（资源共享）课配套教材或国家级或省级规划教材分别上浮4、3、1分（教材未用于专业教学不得分）	
	共同开发教学资源	1.专业标准、课程标准；2.教学内容融合行业企业资源、职业资格考试有关资料及各类题库，及时更新各级课程网站	1.建立了产业标准和岗位任职标准，专业标准对接产业标准，课程标准对接岗位任职标准（职业资格标准或执业资格标准）2.教学内容融入了企业生产工艺等技术资料，课程考核与职业资格认证对接3.合作开发课程网站相关资料（技术前沿）更新及时	
师资队伍（15分）	支持兼职教师	企业专业带头人和兼职教师基本信息及教学科研合作情况，专兼比	1.企业带头人有与我院合作的科研、课题、技术服务项目（合作项目以拨款或有收入为准，否则不得分）2.专兼比达到1:1，校外兼职教师学历、职称、职业资格、当前专职工作背景、教学进修等基本信息准确完整，建立兼职教师资源库（专兼比不符合要求的、信息不完备的酌情扣分）	
	教师顶岗实践	专业专任教师企业顶岗实践情况	本专业专任教师平均30人天/年以上得5分（30人天/年以下，得分按"本专业专任教师每年平均人天数/30人天×5"计算）	

续表

项目	考核内容	主要观察点	评分标准	备注
合作就业(15分)	毕业生就业率	近三年12月31日前平均就业率	近三年12月31日前就业率平均90%以上的15分,90%~80%的10分,80%以下的,酌情扣分	
社会服务(20分)	科研与社会专业服务机构	面向行业、企业,服务产业成立的工程技术研发中心、工作室,创建高新技术创业服务中心	在专业合作组织框架下,成立工程技术研发中心(或工作室)等且开展技术服务或员工培训	
	为企业提供技术服务所得的年收入(万元)	为企业合作开展纵向、横向课题,提供科技研发和技术服务取得的收入情况	本专业学年度收入5万元以上得6分;5万元以下,得分按"收入/5×6"(含横向科研项目)计算	
	捐赠总值(万元)	企业或经济实体(设立专项基金/促进校校企合作)、白办基金会或社会团体的办学捐赠(现金、设备、设备附属物、软件等)	捐赠折算现金后,每10万元得1分,依次递增(单独软件捐赠或准捐赠设备的按10:1计入,即每100万元捐赠计1分)	
新闻稿件(10分)	新闻稿件	专业合作新闻稿件上网情况	及时进行专业合作新闻报道,所有合作均在网站报道的得满分	

四、结　语

　　校校企合作"1+1+1"人才培养模式,充分利用优质学校教育资源的互补性,通过校校企之间的交流探讨,明确培养目标,不断优化人才培养方案,加强课程体系建设,完善实践教学,严格过程考核,同时,扩大招生、就业双向合作交流,整合三方优质教师资源、教学设备、实践基地,共同提高学生的实践能力和应用技术能力,强化职业技能训练,提升就业能力,培养高素质技能技术型人才。

参考文献

[1] 邢晖. 多方"合力"方能"给力"——中职跨区域合作办学现状调查[J]. 教育与职业,2011(1):40-43.

[2] 朱有明. 东中西部高等职业教育协调均衡发展研究[J]. 无锡商业职业技术学院学报,2013,13(2):48-51.

[3] 佛朝辉. 职业教育跨区域合作的中欧比较与借鉴[J]. 职教论坛,2013(4):90-93.

[4] 杜春玲. 宋战路. 高职院校校企合作办学育人机制创新的思考[J]. 陕西教育. 2011(7):54+60.

基于"双基地"条件下的环境工程技术专业教学改革研究

邹小南　汪川杰　罗　丹　李春英　余红兵

重庆资源与环境保护职业学院

摘　要: 建设高等职业教育双基地是推动校企合作纵深发展的有效途径,是改革人才培养模式、提升技术技能人才培养能力的重要举措。本文结合重庆资源与环境保护职业学院环境工程技术专业职业教育双基地建设与实践,阐述了双基地的内涵与建设模式,并以双基地为依托开展教学模式改革与实践,分析存在的问题,提出校企合作可持续发展的有效运行思考,以期进一步推动双基地建设教学改革、挖掘职业教育校企深度合作途径,不断增强我校环境工程技术专业服务地方经济社会发展的能力。

关键词: 高职教育;双基地;教学改革

一、引　言

2019年《国务院关于印发国家职业教育改革实施方案的通知》明确指出,"到2022年,企业参与职业教育的积极性有较大提升,培育数以万计的产教融合型企业,打造一批优秀职业教育培训评价组织,推动建设300个具有辐射引领作用的高水平专业化产教融合实训基地",从国家层面指出了职业院校产教融合实训基地建设的重要性。高等职业教育双基地是推动产教融合的重要载体,是推进校企合作纵深发展的有效途径,是实现学校实训基地与企业或园区生产资源整合利用的必要措施。在产教融合人才培养改革背景下,以《重庆科教兴市和人才强市行动计划》中"8+3"计划为依托,我校环境工程技术专业逐步建立起兼具教学和生产的双重功能、校企双主体深度合作培养培训技术技能人才的双基地,构建符合市场岗位需求的人才培养模式,实现双师培养和互聘、双证培训和融通,促进人才培养与企业需求无缝对接,促进教育链、人才链与产业链、创新链有机衔接,提升技术技能人才培养能力,增强我校环境工程技术专业服务地方经济社会发展的能力。

二、高等职业教育双基地的内涵及建设模式

基于产教融合的高等职业教育双基地是通过学校与优势企业合作,以引企驻校、引校进企等方式,对学校实训基地、企业或园区生产资源的整合利用,打造兼具教学和生产双重功能、校企双主体深度合作、培养培训技术技能人才的双基地;是集实践教学、真实生产、技能训练、技能鉴定、师资培训、创业孵化、职业素养、社会服务等于一体并对接行业产业发展需求、校企共同建立的协同育人实训基地。

(一)共同建设专业

充分利用双基地建设,学校与企业共同建设专业,确定人才培养标准,制订人才培养方案,参与专业规划、教材开发、教学设计、课程设置,完善专业(群)实践教学体系,优化实训项目与内容,推广项目教学、案例教学、情景教学、工作过程导向教学,最大程度将企业需求融入人才培养环节。

(二)共同培育"双师型"教师

充分利用双基地建设,学校与企业共同培养"双师型"教师,校企双方共同建立员工互聘机制,支持学校专业教师定期到双基地学习、顶岗,融"双师型"教师培养培训基地与双基地为一体。鼓励学校设置产业教师(导师)特设岗位,聘请有实践经验的企业专家、工程技术人员、能工巧匠担任兼职教师。

(三)共同培养技术技能学生

充分利用双基地建设,以培养岗位能力和技术为主线,以强化实践能力、社会能力、创新能力与职业素养为核心,建立以职业能力为本位的岗位课程体系。根据技术领域和职业岗位(群)的任职要求,参照相关职业资格标准,有针对性地调整和设置专业核心课程、优化课程结构,改革课程体系和课程标准。将企业标准融入课程标准中,制定突出职业能力培养的课程标准,要求毕业生具备胜任岗位工作所需要的综合能力和职业岗位能力,实现"产教融合"人才培养模式。

(四)共同开展社会培训

充分利用双基地建设的优势,融职业技术培训中心和双基地为一体,面向社会、行业、学生开展职业培训和资格证书培训。积极承接和开发社会服务项目,开展多形式的教育培训、终身教育服务、扶贫开发、劳动力转移培训等,着力提升基地的服务能力和贡献度。通过双基地建设,实现与《国家职业资格目录(2019年版)》对接专业的学生"双证"获取率达到90%以上。

三、环境工程技术专业职教双基地的教学改革研究

环境工程技术职业教育双基地是人才培养与课程体系改革的依托,是专业课程实践与岗位技能训练有效对接的主要载体,是培养学生岗位技能的重要途径。功能完备的职教双基地能为学生构建真实的职业环境和训练情景,我校依托双基地,深入进行了课程开发和教学模式改革,主要采用校企合作"项目式"教学法、理实一体化教学法、案例教学和情景教学法,按照实际的岗位工作要求进行专业教学。

我校环境工程技术职业教育双基地分为环境监测、污(废)水及固体废弃物处理与处置三个模块进行教学,每个模块对应两门专业核心课程:一是环境监测实训基地对应"环境监测""社会化环境检测机构从业人员实操技能"课程;二是污(废)水处理实训基地对应"水污染控制工程""城市水处理系统运营与管理"课程;三是固体废弃物处理与处置实训基地对应"固体废弃物处理与处置""三废处理与循环经济"课程。企业与学校共同制定以上六门专业核心课程的教学大纲与实践教学体系,同时合作企业为环境工程技术专业学生提供观摩、操作、跟岗及顶岗实习场所,逐步形成以实战为目标的"一年级认知实习、二年级专业实习、三年级顶岗实习"的"三段式"实习实训模式。把工学结合作为人才培养模式改革的重要切入点,围绕环境工程技术专业的培养目标,形成以环境监测、污(废)水处理、固体废物处理与处置为重点的项目化课程教学模式,使学生将理论与实践融合得更加紧密,努力实现学生专业技能与企业用人需求的零对接。

对应三个模块内容,环境工程技术专业教师与行业企业专家共同编写《环境监测实训教程》《水污染控制技术实训教程》《固体废弃物处理与处置实训教程》三本校本教材,形成以环境监测、污(废)水处理、固体废物处理与处置等工作任务为导向,以环境监测、污水处理、固体废物处理等工作流程为主线,体现"教、学、做"一体化、项目化的特色实训课程体系。更新教学理念和教学方式,坚持"行动导向"教学观,将"指导优先"与"建构优先"的教学方式相结合;努力实践"教、学、做"一体化;学生积极参与教学过程,教学目标有效完成。

按照实训项目与产业需求对接、学习内容与职业标准(评价规范)对接、实践过程与生产过程对接的要求,依托环境工程技术专业职教双基地的三个建设模块,我校已设立水生产处理工、工业废水处理工、固体废弃物处理与处置工三类国家职业技能鉴定工种。我校积极推进国务院"1+X"证书制度,深化复合型技术技能人才培养培训模式改革,在学历教育的基础上,夯实学生可持续发展基础,为学生提

供多类职业技能等级证书晋升渠道,拓展其就业创业能力。现学校已实现年培训国家职业技能鉴定能力1 000人次,通过率达70%以上,在市内环保行业起到示范引领作用。

四、环境工程技术专业双基地人才培养的成效与经验

(一)有效整合校企实验实训资源,构建职业教育双基地

我校与重庆九升检测技术有限公司、重庆市大足区生态环境局、重庆市大足排水有限公司、重庆环创固体废弃物处理与处置有限公司等紧密合作,共同投入双基地项目建设,集思广益、取众家之长,进行企业资源与学校实训基地的一体化设计与建设,充分发挥各自优质资源,相互赋能、相互推进、相互提升,现已建成环境工程技术职业教育双基地。随着校企双基地建设的不断优化,校企双方呈现螺旋式上升发展趋势,效果良好。

(二)有效实行人才培养模式改革,提升人才培养质量

我校分析环境工程技术专业相关职业岗位,基于环境监测员、环保设备技术员、环境工程施工员等岗位的能力需求,依托学校职业教育双基地,有效实施了基于环保行业人才需求的培养模式,由基本理论知识学习到实践操作能力培养到岗位综合能力提升的递进式培养规律,与合作企业共同开展"阶段式""项目式""数字化"等混合教学模式。例如:企业3天+学校2天教学模式、濑溪河水质监测项目式教学模式及在线开放课程等教学模式,使我校环境工程技术专业教学过程凸显实践性、职业性、多元性、灵活性、开放性等特点,多类型教学活动不断提升技术技能型人才培养质量。

(三)有效推行"双师型"培养基地,提高实践教学团队整体水平

依托职业教育"双基地"平台,学校与合作企业共同制定了《双师型教师培养培训基地管理办法》,通过"双岗"教师的互兼互聘、培训顶岗及项目开发等形式,提高了校企双方指导教师队伍的整体职业素养、教学水平以及实践指导能力。从而形成一支相对稳定、生产能力优秀、实践指导与培训能力强的"双师型"教师队伍,实现了学校实践性教学工作改善与企业生产性实践水平提升的良性互动。

(四)有效推进"1+X"证书制度,增强毕业生综合能力及素养

充分利用双基地平台,有效推行"1+X"国家职业资格证书制度,进行职业技能鉴定培训及核心课程"单项技能"强化训练,实现课证融通,培养学生独立完成岗位工作的能力。同时,组织学生在双基地平台开展各项专业技能竞赛训练、创业

拓展训练等活动,将职业素养和职业综合能力培养贯穿于整个教学过程中,从而提高人才培养质量,增强毕业生综合能力及素养。2019 年,我校环境工程技术专业学生就业率达 100%,企业满意率在 95% 以上。

(五)有效承担各类社会服务项目,发挥示范引领作用

我校环境工程技术专业职业教育双基地实训平台的师资力量、设施设备等优势资源被广泛应用于政府、企业、社会各类学习者的培训与交流,为政府部门、行业企业提供环保咨询服务与项目研发服务。目前,双基地平台每年承担环保类职业技能鉴定 1 000 人次,为政府、企业员工提供环保培训 500 人次,为城乡街道、企业提供环境监测技术服务,创利 50 余万元,提高了双基地的社会价值和影响力,实现了双基地的生产力转化,达成了校企合作双赢模式,促进了双基地的可持续发展与健康运行,发挥了双基地示范引领作用。

参考文献

[1] 赵伊英.植保研究技术实验教学改革的探索[J].教育教学论坛,2019(52):79-80.

[2] 谷丽艳,于波,刘丽娜,等.依托重大科研平台应用雨课堂推动教学改革[J].卫生职业教育,2019,37(21):7-8.

[3] 苏雪峰.校企合作共建实训实习基地的实践与探索——以山西大学商务学院电子商务专业为例[J].电子商务,2019(5):71-73.

[4] 石伟平,郝天聪.产教深度融合　校企双元育人——《国家职业教育改革实施方案》解读[J].中国职业技术教育,2019(7):93-97.

[5] 雷钢.高校双创实验实训平台建设研究[J].实验室研究与探索,2019,38(1):210-214+286.

[6] 黄德桥,杜文静.基于产教融合的高职院校校内生产性实训基地建设研究[J].中国职业技术教育,2019(2):88-92.

[7] 唐细语.高职教育校企合作生产性实训基地的建设研究与实践探索[J].职教论坛,2018(4):121-125.

[8] 白福民.校内生产性实训基地建设探索[J].才智,2015(6):110+112.

[9] 王珂佳,郭英超,湛年远,等.基于产教融合的高职校内生产性实训基地建设探究[J].课程教育研究,2015(4):221.

[10] 张志强.校企合作存在的问题与对策研究[J].中国职业技术教育,2012(4):62-66.

项目来源:重庆市教育委员会高职教育“双基地”建设项目“环境工程技术职业教育”(编号:20180319)。

高职院校"四位一体"实践教育教学模式探索与研究

张　芳　季汉涛

重庆电讯职业学院

摘　要:高职院校的教学应突出实践性。"四位一体"的实践教育教学模式,即以日常养成为目的的校园实践教育教学实践活动,以社会实践为目的的生产一线工学结合实习,以提高职业岗位特定能力为目的的专业认知实习,以就业为目的的职场顶岗实习在教学过程中逐渐被摸索出来。通过此模式,不仅能够全方位提升高职学生的综合素养,同时更能深化高职学生的职业素养,使他们获得优良的技术技能和科学精神,最终成为符合社会发展需要的人才。

关键词:四位一体;实践教育教学;职业素养;顶岗实习

实践性是高职院校教育的核心,落实科学的实践教育教学方式,并不是简单的外出实习、工作实践,而是深层次、精准化、科学的实践教育教学。在高职院校实践教学的过程中,"四位一体"的实践教育教学模式,不仅能够全面深化学生的综合素养,不断提升高职生的职业素养,更能够培养他们的实践精神,使他们以健康的形象、积极的态度投身于未来的工作岗位中。

一、以日常养成为目的的校园实践教育教学实践活动

高职院校学生来源的差异,使得学校在教学管理、学生管理中,更加注重规范性和约束性,这明显区别于普通高等院校。基于此,在高职院校的教学管理中,引导学生形成良好的日常养成,是管理的基本落脚点与基本内容。因此,在高职院校"四位一体"的实践教育教学模式中,必须以"日常行为的养成"为核心目的,通过学校丰富的教学资源和校园活动,不断促进高职学生的健康成长。

(一)充分利用高职院校校内外的教学资源

高职学生良好的日常养成的形成,需要充分依托高职院校校内的教学资源以及学校周边的教学资源,这些教学资源是开展高职院校实践教学的重要基础,也是

基本出发点。一方面,在高职院校实践教育教学中,校内资源是非常关键的,也是非常丰富的。依托高职院校校内教学资源的整合,特别是一些利用实习实践的第二课堂或者实践课程的开设,能够帮助高职学生在平时的学习生活过程中养成一种自律、规范的意识。如在校内举办的技能大赛,学生在学校就可以接触到比较规范的职业技能锤炼,同时也可以接触到正规职业技能比赛中的约束条例。在校内开设丰富多彩的兴趣小组,以学生的兴趣为出发点,引导学生在锻炼技能的过程中,培养自身的职业素养和日常养成。另一方面,在高职院校实践教育教学的过程中,还需要充分利用学校周边的资源,开展丰富多彩的校外实践活动,如捡垃圾、清扫积雪、义务劳动及敬老院献爱心等。这些初级形式的实践活动,能够帮助学生正视自身存在的问题,也能够在实习实践中培养学生艰苦朴素的良好作风,帮助学生自觉形成良好的日常养成。

(二)加强各类实践性质社团活动的开展

高职院校在实践教育教学的过程中,还必须充分依托丰富多彩的社团活动,突出社团活动的职业性和规范性,引导学生在参加社团活动的过程中,培养自身良好的日常养成。高职院校社团活动的丰富性,以及高职院校社团活动的充分性等,都为开展实践教育教学提供了宽松得当的教学环境。一方面,丰富多彩的校园实践活动本身具有广泛的学生基础,在参与社团活动的同时,学生还必须遵守社团的相关规定和规章制度。学生既可以训练自身的职业技能,也能够在社团小集体中培养和优化自身的日常养成。另一方面,在开展社团活动的过程中,还必须充分提升学生的主动性和积极性,有效地突出学生的核心地位,无论是社团主要成员的设置,还是社团活动的开展,都应该以学生为主。

(三)鼓励学生利用空闲时间进行兼职

学生兼职在各类高校中普遍存在,学生在兼职的过程中,不仅能够获得相应的报酬,同时还能扩大自己的交际面,不断锻炼自己的社交能力,更主要的是能够让学生接触社会,提高自身的思想意识。因此,高职院校在开展实践教育教学的过程中,必须充分认识到科学兼职的重要性,引导学生正确对待兼职工作,同时更要鼓励学生利用业余时间、空闲时间开展丰富多彩的兼职活动。在学生兼职的过程中,高职院校的辅导员要做好引导和甄别工作,帮助学生了解兼职岗位,了解兼职需求,同时更要结合自身特点来进行相应的兼职选择,在兼职过程中不断完善自身。比如,部分学生交际能力比较弱,羞于与人打交道,那么在兼职的过程中,辅导员应该帮助学生做好兼职工作的筛选,既要借助兼职工作来改善学生的薄弱项,同时又要规避不当兼职造成的负面影响,特别是适得其反的后果。

二、以社会实践为目的的生产一线工学结合实习

高职院校的教学突出了教学的实践性,也更加注重学生在学校期间的实践活动,特别是工学结合的科学的实践活动。实践证明,这种科学的工学实践相结合的实习活动,不仅能够帮助学生正确把握自己所学的知识,同时更能够帮助学生检验自身在学习中的差距和薄弱环节,以提升学习、实践的针对性。

(一)组织学生参加工厂一线实践

相比于校园及校园周边的实践,组织学生参与工厂一线的实践,更能培养和提升学生的实践精神,有助于提升实践的科学性与系统性。通过这种类型的实践,将学习与实践充分地结合起来,将工与学有效地连贯起来,提升学生的综合素养。在高职院校的实践教育教学模式中,辅导员应该组织学生真正参与到工厂一线的实习实践中去。一般60名学生,需要搭配一名辅导员,深入工厂一线,驻扎工厂一线,开始真正的工学结合的实践活动。同时,驻扎工厂一线的辅导员,应该与工厂的指导老师一起全面负责学生的管理、服务保障、思想疏导、生产技能和社会知识传授、企业文化传承及处理问题的能力培养等,实现强化管理阶段到固化管理阶段的全面转化,实现大学生向社会人的转变,为提高就业核心竞争力打下坚实的基础;艰苦的实习历练,为其一生的发展积累丰富的经验。

(二)引导学生全面认识实践的规范性

在高职院校实践教育教学活动的开展过程中,少部分工厂并不愿意承接这份工作,这主要是因为工厂开展的是以营利为目的的有组织的生产活动,大二阶段的学生虽然具有了一定的职业技能,但这种职业技能与工厂一线的操作执行技能相比还是存在一定的差距,同时工厂方面也担心学生在一线的实践活动会影响工厂的秩序化生产。为了打消工厂方面的顾虑,辅导员在一线实践活动开展的过程中,必须加强学生一线实践活动的教育培训,督促学生遵守工厂的规章制度,严格按照工厂员工的标准来进行实习实践。同时,辅导员更应该配合工厂的指导教师,共同培养和提升学生的职业素养,帮助学生全面了解和熟悉工厂的规章制度,熟稔一线实践的规范性。实践证明,为了实践而实践或者说为了获得实习证明而进行一线实践的诸多活动,都是徒劳的,不仅无法提升学生的职业素养和职业技能,更容易

形成恶性循环,即高职院校无法为学生找到实习实践基地,工厂出于自身考虑不提供实习实践岗位。

三、以提高职业岗位特定能力为目的的专业认知实习

岗位素养是比较高级的职业素养,是职业素养的细化和升华。高职院校的学生经过系统的学习、实践后,都会结合自身的能力需求以及兴趣爱好、专业素养等因素,投身于各个细化的工作岗位。在高职院校实践教育教学模式的实施中,必须注重提高学生的职业岗位特定能力,使学生真正适应工作岗位,并在未来的工作岗位上赢得赞誉,从而引导社会正确认知高职教育。

(一)组织学生进行一至两周的专业认知实习

岗位实习是非常关键的,是高职院校实践教育教学模式中的关键环节。作为高职院校的辅导员,应该组织学生在对口的工作岗位上进行为期 $1\sim2$ 周的专业实习,一般在大二下学期或大三上学期进行。通过专业实习,学生在自身专业的引领下,在符合专业性质的工作岗位上,能够真正了解这个岗位的职业需求和专业诉求,能够根据岗位来调整自身的学习重点,也能够结合岗位需要来补强自己的薄弱环节。在专业实习的过程中,辅导员应该会同工厂的指导老师,全方位地给予学生指导,不仅要在专业技能、岗位技能等方面给予学生科学的指导,更应该注重培养学生良好的岗位素养和工作素养,养成认真负责的工作态度,形成科学规范的工作作风。同时,在专业认知实习过程中,辅导员还应该与工厂指导老师一同给予学生专业化的考核,从学生的工作态度、工作热情、工作成绩等多方面入手,给予学生准确客观的评价。

(二)实现学生自我管理水平的提升

高职院校的学生管理工作,其本质在于从强制管理、固化管理到自我管理转变和提升。在高职院校实践教育教学模式中,必须不断提升学生的自我管理水平,不断优化学生的自我管理能力,不断引导学生进行科学的自我管理,岗位认知实习就是学生自我管理意识提升的有效途径。学生在岗位实习的过程中,基于岗位需求及岗位考核需求,学生所要负责的,或者学生所要面对的,是自己对自己的考评和认知,未来学生真正投身到工作岗位上时,更要对自己负责。因此,在岗位认知实习过程中,指导老师应该帮助学生正确地认识自己,科学地进行自我管理,提高学生对专业的认知水平、专业知识的学习兴趣和应用能力,实现固化管理阶段向自我

管理阶段的转变,为提高学生的就业核心竞争力打下坚实的专业技能基础。

四、以就业为目的职场顶岗实习

在高职院校实践教育教学模式中,对于大三下学期的实践教育安排,应该是真正以就业为目的的职场实习。辅导员应引导学生,在准确把握自己,准确认识自己的能力、兴趣、潜力等基础上,筛选合适的岗位进行顶岗以及定岗实习。在实习的过程中,指导老师会同用人单位,结合岗位的性质为学生制订一系列实习任务,学生以实习任务为目标来开展科学的实习活动。为了帮助学生更好地完成实习任务,学生在实习阶段应该定期汇报自己的实习成果。学校也应该定期组织老师深入学生实习所在的单位、工厂,进行实习质量的抽检,以综合性提升民办高职教育的质量,全方位优化民办高职学生的职业素养。

随着高职教育的广泛开展,高职教育的社会地位逐步提升,高职教育在实践教育教学的过程中,必须注重采用"四位一体"的新模式,不断培养和优化高职学生的综合素养和职业素养,不断提升高职学生的岗位适应能力,不断提升社会对高职教育的重视及准确认知。

参考文献

[1] 张伟华.浅谈民办高职教育实践教学[J].科技信息,2011(14):79.

[2] 武静.民办高职院校艺术设计类专业教育教学模式之思考[J].艺术科技,2014(3):382.

产教融合校企合作，建设高水平电梯工程技术专业群的思考与探索

司良群 智 渊 张春娟

重庆能源职业学院 电梯与智能制造学院

摘　要:我校电梯工程技术专业自创建以来,秉持"产教融合、校企合作"理念,依靠深度的校企合作得以高位起步;依靠扎实的产教融合跨越式发展,人才培养初见成效。通过思考梳理我校电梯工程技术专业的建设发展过程,总结展示了产教融合、校企合作对于电梯工程技术专业跨越式发展所起的作用。面对新时期落实高职学校双高建设的任务,结合建设目标进行对标思考,提出了电梯工程技术专业创建高水平专业群的任务。

关键词:产教融合;校企合作;高水平专业群;电梯工程技术

一、校企合作,奠基电梯工程技术专业高位起步

(一)电梯行业的高速发展催生电梯专业的开办

电梯工程技术专业是随着我国电梯产业的快速发展应运而生的。从 2001 年到 2011 年十年间,我国电梯年产量从 4.5 万台猛增到 46 万台,在用梯达到 210 万台。我国已经成为全球生产和使用电梯最多的国家。而电梯安装维保的专业人员极度缺乏,一度导致电梯安全事故频发,人们"谈梯色变"。各电梯企业急需电梯工程技术专业人员。因此,高职院校电梯工程技术专业于 2012 年正式进入教育部招生目录。我校在经过 3 年电梯方向订单班的试点后,于 2013 年申报设置电梯工程技术专业,2014 年开始招生。

(二)校企合作是开办电梯工程技术专业必然的选择

电梯工程技术专业是一个新专业,没有现成的经验可借鉴,开办之时,现有的师资中,没有专业的电梯教师。怎么解决这些问题? 通过思考,我们想到:本专业培养的学生是电梯企业未来的员工,需要什么样的人,怎么来培养这些人,企业最清楚,最有发言权。因此,我们认识到,只有进行深度的校企合作,依靠电梯企业全

程指导,才知道如何办这个专业,才能解决这些困难,校企合作是开办电梯工程技术专业必然的选择。

(三)选择校企合作企业的原则

选择什么企业进行深度合作? 在这个问题上,我们的原则是:行业龙头企业,规模大、规范好,重视人才培养,热心职业教育。据此,我们选择了中国改革开放后第一家进入中国的国际电梯龙头企业瑞士迅达(中国)电梯公司。

瑞士迅达电梯公司是一家以生产优质电梯为主业的公司,由罗伯特·辛德勒先生于 1874 年在瑞士创立,总部位于瑞士卢塞恩,至今已有 146 年历史,是世界第一大自动扶梯生产商及世界第二大电梯供应商。目前迅达电梯公司在全球一百多个国家和地区拥有 90 多个控股公司,设立了一千余家分公司和分支机构,年营业额超过 100 亿瑞士法郎,全球每天有超过 7 亿人次乘坐迅达的电梯及自动扶梯。2017 年 1 月,习近平主席出访瑞士时,曾到迅达总部参观。迅达(中国)为瑞士迅达电梯公司全资子公司。迅达(中国)是瑞士迅达在 1980 年,中国改革开放的大门敞开时,在北京成立的第一家工业性中外合资企业,最早参与了中国改革开放的宏阔进程。从 1980 年起,瑞士迅达在中国进行了一系列重大投资,包括两个电梯和自动扶梯生产基地和一个亚太研发中心,涉及生产制造、销售、售后服务、分公司建设、技术研发及人员培养。迅达(中国)总部位于上海,在全国有 20 多家分公司,为中国客户提供全面的电梯和自动扶梯产品的研发、销售、服务和技术支持,满足中国客户对世界先进电梯的需求。迅达(中国)对企业的人才培养有超前的意识,瑞士的职业教育水平在世界上也是领先的,瑞士的"三元制"职业教育培训制度由企业、职业学校和行业培训中心共同制定,企业提出培训或教学的内容要求,行业与学校制定标准,学校、企业共同实施教学计划,行业监督质量。所以迅达(中国)的人力资源与培训部门对与职业院校的合作有准确的理解和认识。在双方的相互考察和共同商讨下,重庆能源职业学院与迅达(中国)电梯公司签署了校企合作协议。

(四)如何真正有效地进行校企合作

如何真正有效地进行校企合作,改变人们调侃的四个"了之":"校企合作一挂了之,学生实习一放了之,教师挂职一盖了之,企业参与一笑了之。"我们在校企合作中把握了以下两个关于人的关键:

1. 双主体合作创办电梯学院,把管理权交给企业的人

2014 年 6 月,随着电梯工程技术专业的申报成功,学校与迅达(中国)电梯公

司双主体合作创办了电梯(二级)学院，由迅达(中国)电梯公司培训总监李志弘担任电梯学院院长及电梯专业的企业带头人。由企业派出院长来负责学院的工作，从专业人才培养方案的顶层设计到师资培训，再到学生管理以及学生顶岗实习、就业，都是院长要操心的事，企业的参与不仅是签约和实习就业，而是教育的全过程企业都得主导，把管理权真正交给企业的人，让企业的人在学校有话语权，学校能按照企业的需求来教育学生。每年新生报到的第一天，李院长都会赶到学校和学生及其家长开见面恳谈会，为新生介绍电梯行业的现状和前景，介绍迅达电梯的成就和企业文化，叩问新生"你为什么上大学?"引导新生思考"我应当怎样上大学?"他把企业文化、职业精神带进了学院，并且带领我们走进电梯企业，把校企合作做得扎扎实实。

2.能装好电梯才算合格的电梯教师，按企业的要求培训学校的人

教师是办学和建专业的关键。我们的教师都是从机电教师转过来的，而且女教师居多。怎样让这样一支队伍成长为能担负起电梯专业教学任务的合格教学团队? 按企业的要求来培训师资。谁来培养? 培养师资是校企合作企业的一项重要职责，迅达(中国)电梯公司主动承担了为电梯学院培训电梯专业教师的职责。电梯专业的10位老师在执行院长率领下，来到迅达(中国)南区培训中心，进行了近两个月的专业培训。除了学习电梯专业的核心课程，老师们还在迅达电梯培训师的带领下，按项目承包的模式安装了一台电梯。迅达电梯的培训师说，要装出一台电梯，老师的专业培训才算合格。

通过这台电梯的安装，老师们才把之前几门课程分离的知识整合到了一起，理解了这些知识的含义，并运用这些知识来完成了安装任务。经过这次实际安装，大家对进行电梯专业的教学，心里才算有了点底。我们的女教师们，在这次安装中也是巾帼不让须眉，担任了项目负责人，完成了各项实际任务，得到了很好的锻炼。在后来的工作中，我们电梯教研室还被评为"重庆市五一巾帼标兵岗"。这次教师培训，实实在在使我们的专业老师得到了提升和成长。

深度校企合作使电梯专业得以高位起步，在一两年的时间里，我校的电梯专业建设就得到了社会的认可。

二、产教融合，助推电梯工程技术专业跨越发展

(一)承办行业全国大赛，从校企合作跃升到产教融合

校企合作，是学校与企业的合作，资源、范围是有限的。教育是面向社会的，学

校培养的学生,将面向整个行业。随着校企合作的深入和专业建设的发展,校企合作必然向产教融合升华,提升到更高更深更广的层面。

通过主动与行业合作,与产业融合,我校承办了"全国首届电梯安装工职业技能大赛"。这是中国电梯行业最高级别的职业技能类竞赛项目。主办单位是机械工业职业技能鉴定指导中心、机械工业职业技能鉴定电梯行业分中心,支持单位是中国机械工业企业管理协会、中国电梯协会。全国 72 支队伍参加了此次竞赛。此外,我们还通过与国家特种设备安全委员会合作,承办了国家特种设备安全委员会的"全国特检系统电梯检验大比武";承办了国家特种设备检验检测协会的"全国特检机构电梯检验现场能力比对(验证)"。通过与各次大赛组委会和参赛选手合作交流,我们逐渐融入了行业,实现了产教融合。

(二)按行业大赛的标准,建设一流的符合行业职业要求的实战型实训基地

行业大赛中的参赛者都是电梯行业中的技术能手,他们比拼的是实战的实力、智力、规范和安全。大赛的设备和项目要求,反映了行业的职业要求。在行业专家的指导下,我们按行业大赛的思路和要求,设计、建造了一流的符合行业职业要求的实战型实训基地。实训基地的设计思路受到行业专家和参赛选手的好评,成为后来各校建立电梯实训基地的样板和标杆。

依托承办高规格的全国性电梯大赛和深化产教融合,我们得到了电梯行业内众多厂家的赞助支持。康力电梯股份有限公司、贝司特电气有限公司、东营宏安电梯有限责任公司、苏州默纳克控制技术有限公司、苏州远志科技有限公司等几十家电梯公司从设备、软件、技术上给予了大力支持及赞助,电梯实训基地建成了拥有 10 个垂直电梯井道、2 台扶梯、样板架制作、钢丝绳绳头制作、导轨安装与调试、导靴、安全钳安装与调试、轿门、门机、层门安装与调试、电梯交付运行前的电气调试等 10 个电梯安装调试实训操作模块和 15 个电梯维保实训模块,12 个电梯电气实训模块。通过产教融合,实现了电梯专业的跨越式发展。

(三)牵头成立全国电梯职教集团(联盟),有效促进职业教育链和电梯产业链的有机融合

为更有效地促进电梯产业和电梯职教事业发展,我校牵头成立了全国电梯职教集团(联盟),集团由电梯行业协会成员、企业成员、事业单位成员、高职、中职、本科学校成员组成,采取校企合作共建电梯专业的模式,通过组织全国电梯专业教师研修班、合作开发电梯专业资源库、合作编写电梯专业核心课程教材、举办全国电梯联盟电梯安装技能竞赛等形式，建立起了覆盖电梯全产业链的协同创新育人平台，有效促进了职业教育链和产业链的有机融合，使电梯专业得到又一次跨越式发展。

三、深化产教融合，校企合作，向创建特色高水平专业群的目标努力

2017年，国务院办公厅印发《关于深化产教融合的若干意见》，提出要"推动学科专业建设与产业转型升级相适应"，"建立紧密对接产业链、创新链的学科专业体系"。《教育部 财政部关于实施中国特色高水平高职学校和专业建设计划的意见》提出"打造高水平专业群"。"这种格局已经跳出了'专业'的概念。从'专业'到'专业群'虽是一字之差，却反映了高职教育从封闭式、学科导向到开放型、能力本位的转变。"高职倡导"双高"（中国特色高水平高职学校和专业），目的是打造一批"当地离不开，业内都认同，国际可交流"的高职学校。电梯工程技术专业群正对标这三大目标，把努力创建高水平专业群作为我们未来奋斗的目标。

（一）对标"当地离不开"，努力为区域经济发展服务

中国是电梯第一大生产国、第一大制造国，全国现有存量电梯超过600万台，每年以70万台递增；重庆的电梯现有存量超过17万台，每年以3万台速度递增，重庆电梯的数量排全国第6。重庆电梯行业对电梯维保人员的新增要求在1 500人左右，重庆高职学校开设电梯专业的只有2所，毕业生供不应求。重庆能源职业学院电梯专业群的建设紧紧围绕重庆电梯产业的后市场，围绕重庆电梯的安装、维修、检测及服务，我们通过"电梯智能运维重庆市高校工程中心"，将大数据赋能传统电梯服务行业，紧密服务重庆地方经济社会发展的需要，为重庆电梯行业转型升级做出贡献。

（二）对标"业内都认同"，做好全国电梯职教集团牵头人

继续通过承办电梯行业的技能竞赛、技术大比武、企业员工培训等活动来增加在电梯行业的影响力；坚持通过电梯安全科普基地宣传电梯安全，通过进入社区、进入中小学服务社会，获得老百姓的认同。联合阿里云、重庆大学大数据学院等7家单位申报"重庆市技术创新与应用发展专项重点项目"，进一步完善市级电梯专业教学资源库和在线开放课程建设；电梯专业、机电一体化专业依托教育部"现代学徒制"试点项目，积极探索"双主体、三平台、六合一"的人才培养模式改革，构建起中高职衔接、专本贯通的职业教育立交桥，做好全国电梯职教集团（联盟）的牵

头人,使电梯企业、电梯职业教育学校都能认同我们的工作。

(三)对标"国际可交流",争取输出电梯职业教育的中国方案

中国电梯在全球是领先的,德国现有的存量电梯为 50 万台,而中国每年的电梯增量就有 70 万台;韩国全国每年电梯增量为 2 万台,重庆全市每年电梯增量为 3 万台。电梯行业国际交流是很普及的,我校也积极与"一带一路"国家建立国际交流学院,进行电梯职业教育合作交流,实现我院电梯专业群的"国际可交流",争取把中国的电梯职业教育方案输出到其他国家进行交流。

我们将全面落实习近平总书记视察重庆时的讲话及关于职业教育工作的重要指示,加快推进落实市委陈敏尔书记在全市教育大会上提出的"三贴近"要求,围绕重庆电梯产业创新发展和国家重要现代制造业基地建设的需求,以"冲一流、补短板、强特色"为重点,深化产教融合校企合作,向着将电梯工程技术专业群建设成"特色高水平专业群"而努力。

参考文献

[1] 李春雷.中国电梯市场调查报告剖析[J/OL].[2018-10-15].

[2] iefession.迅达电梯:140 年的品牌故事[DB/OL].[2015-12-10].

[3] 何纯龙.中外合资企业成功的范例——记中国迅达电梯有限公司上海电梯厂[DB/OL]. [2018-06-10].

[4] 潘家俊.关于双高建设的思考之一、二[J].上海职业教育,2019-07-07.

高职院校少数民族学生教育管理模式探析

赵 英 黄晶铧 刘蛟龙

重庆信息技术职业学院

摘 要:本文从高职院校学生工作者的角度出发探索新形势下如何做好少数民族学生的管理和培养工作。本着为少数民族地区培养优秀的高技能人才,以人为本、因材施教、关爱互助的理念,结合当下最新型的教育手段,有重点、有规划、有目标地培养少数民族学生,帮助他们成长成才。

关键字:高职院校;少数民族;学生;教育管理

近年来随着国家对教育的高度重视和对少数民族学生求学政策的大力支持,少数民族学生比例呈现逐年增加的趋势,高职院校录取的少数民族学生更是逐年增加。但因风俗文化、生活习惯等的差异,以及部分少数民族学生文化知识较差,在学业上存在诸多困难,这些都给高职院校的学生教育管理带来了更多的挑战。

为更好地贯彻党的教育方针,培养合格的社会主义建设者和接班人,为少数民族地区培养优秀的高技能人才,探索新形势下高职院校少数民族学生全职业周期的培养模式,结合当下最新型的教育手段,有重点、有规划、有目标地培养少数民族大学生。

一、成立领导小组,建立制度保障

高职院校应成立少数民族学生管理领导小组,由党委书记任组长,党委委员和各个处室一把手皆纳入这个小组,针对少数民族学生的教育教学、管理工作进行研究和处理。同时应由党委牵头制定并签发《少数民族学生管理办法》。多形式、多途径地对少数民族学生进行帮扶和管理。

二、对少数民族学生进行帮扶和管理的主要举措

(一)积极培育和践行社会主义核心价值观

党的十八大提出要从国家层面、社会层面和个人层面积极培育和践行社会主

义核心价值观。这是对我国每一个公民的要求,所以在大学生特别是少数民族大学生中积极培育和践行社会主义核心价值观是十分必要的。在整个培育体系中以爱国主义教育和民族团结教育为核心,开展中国特色社会主义制度和中国梦宣传教育,通过集中学习讨论、专家讲座、专题报告、观看视频、少数民族辅导员深度辅导等多种形式,让少数民族学生参与其中,深刻地体会到祖国日新月异的变化和强大。同时开展形式多样的活动,增强他们的体验感和参与感,从他们自己的角度出发去探索祖国的美,增强与各民族学生的交流和融合,如开展"祖国山水美如画"的摄影比赛,"中国梦我的梦"征文、演讲比赛,"中华民族一家亲"文艺晚会等。增强他们对祖国的认同、对中华民族的认同、对中华文化的认同以及对中国特色社会主义道路的认同。

(二)配备少数民族辅导员,建立心与心的联结

为了更好地关心和关注少数民族学生的成长与教育,高职院校要专门配备少数民族辅导员,对全校的少数民族学生进行辅导和管理。建立两级管理模式,少数民族学生在各个系部由思想政治辅导员进行统一管理,负责学生的学业、思想政治教育等,同时少数民族辅导员也应在课余走进少数民族学生的生活,去关心爱护他们,切实为他们解决生活中的实际困难,对他们进行深度辅导,组织相关活动等。

(三)深入开展法治教育,提升他们的法律意识

以法治精神教育为主要内容,通过法律讲座、模拟法庭、法律知识竞赛和案例分析会等形式,组织少数民族学生学习并参与其中,增强他们的法律观念,引导他们遵纪守法,自觉维护民族团结与社会和谐。

(四)提高文明上网意识,强化网络安全教育

在少数民族学生中开展网络安全专题教育,倡导文明上网,规范网络言行,引导少数民族学生自觉远离涉恐涉暴信息,避免接触或传播宗教极端思想和民族分裂思想。

(五)深入细致地做好少数民族学生思想动态摸排工作

组织两级辅导员、班主任深入到少数民族学生中去,和少数民族学生谈心、沟通,增进与少数民族学生的情感交流,准确了解少数民族学生的真实思想,尤其是对敏感问题的真实看法以及行为动态。

(六)加强学业辅导,促进全面成长成才

每学期开学,开展少数民族学生学业普查工作,对学业上存在困难的学生进行记录,再有针对性地制订学业辅导计划,开展学业辅导,帮助少数民族学生提高学习能力和学业成绩。来自偏远地区的少数民族学生,大多对数学、英语、计算机等公共必修课学习较困难,应得到更多的关注。一是降低课程学习和达标要求,让更多的学生合格;二是设立帮扶小组,由任课教师、学习好的同学负责帮助学习困难的同学;三是为部分汉语掌握得不是很好的同学开设汉语培训班,提升他们的说、读和写的能力。这些学业辅导措施能使他们的学习更具针对性和实际效果,帮助他们解决学习中的困难,同时也能提升他们学习的热情和信心。

(七)关注学生心理健康,做好心灵关怀工作

少数民族学生远离家乡,来到高校求学,需要克服的困难很多,如语言环境、饮食习惯、风俗文化、气候和人际交往等的不同。这些都可能导致学生的心理发生变化,高职院校的学生工作者必须高度重视这个问题,及时进行干预和辅导。一是建立完善的少数民族学生档案。每人建立一份档案,全面细致地掌握他们的学业、心理、经济情况、家庭背景、日常言行、宗教活动等信息。二是开展谈心谈话工作。辅导员以深度辅导为载体,与学生保持密切联系,进行深入谈话谈心工作,了解学生的思想动态,有针对性地解决学生思想、心理和实际问题。三是建立重点学生帮扶制度。组织辅导员对家庭有突然变故、学业困难、家庭经济困难的学生及时给予关怀和指导。

(八)关心照顾学生生活,切实解决实际困难

尊重少数民族学生风俗习惯,在重大民族节日期间,组织庆祝、慰问活动,丰富少数民族学生的节日生活。一是要把关怀慰问少数民族学生作为经常性的工作,关心他们的学习生活,想办法解决他们的实际困难,让他们身在异乡也能感受到家的温暖。二是要定期召开少数民族学生座谈会,通过学生座谈会的模式,让学校党政领导走近少数民族学生,真正地了解他们在学校的需求,及时帮助他们解决困难。

(九)依法依规严格管理,切实维护安全稳定

在对少数民族学生的教育和管理中,高职院校一定要始终坚持和其他学生统一标准、特殊关注的原则,始终保证少数民族学生在校期间和汉族学生能享有统一的权利和履行相同的义务。一是做好少数民族学生日常管理工作。密切关注他们的思想动态,准确掌握基本情况。对无故私自离校的学生,及时与学生本人及其家人联系,确保学生的安全。二是从严管理。对于违规违纪学生,严格按照学校规章制度,及时给予警示教育或者纪律处分。三是建立安全稳定台账。每学期初,开展不稳定因素排查工作,建立安全稳定台账。对于重点学生,按照一人一组、一人一策、一人一案的工作机制,定期了解学生的思想状况和动向,加强帮扶教育工作,尽最大努力做好转化教育。四是加强网络监控工作。及时发现、封堵、删除有害信息,及时给予正面引导教育,严防非法分子利用校园网络及现代通信工具传播有害思想。

三、以丰富多彩的校园文化活动引领少数民族学生成长成才

丰富的学生活动是高职院校校园文化的重要组成部分,少数民族学生在整个校园活动中以他们独特的民族特色丰富了校园文体活动。他们既是在传播他们优秀的民族文化,同样也是在为校园文化氛围营造贡献自己青春的力量。

(一)成立民族文化社团

成立民族文化社团,为少数民族学生的课外生活提供阵地。少数民族辅导员任社团指导老师,成员是来自各个少数民族的同学,指导老师引导他们定期组织开展活动,积极参与校园的各种文化展示和演出等活动,提升他们的参与感和体验感,逐步融入大学校园,实现各民族学生的融合。

(二)举办演讲比赛,赛出"爱国爱家,立志成才"的风采

每学年举办一次以"爱我中华,爱我家乡,立志成才,报效家乡"为主题的少数民族学生演讲比赛。通过这些活动,让他们感受和传递自己对祖国的热爱,对家乡的热爱,对自我的肯定,让他们坚定自己成才的决心,坚定毕业后为家乡建设贡献自己力量的信念。

(三)开展少数民族学生技能竞赛专场,提升专业自信

为了提高少数民族学生的职业技能,高职院校应专门为少数民族学生设立职业技能比赛,加强各民族学生之间的交流与学习,促进民族团结。通过比赛让学生真正感受"友谊第一、比赛第二"的竞技精神,提高学生的政治站位,真正践行社会主义核心价值观。

四、关注少数民族学生就业,提升整体就业质量

高职院校应高度重视少数民族地区学生就业工作,一是认真落实就业创业"一把手"工程,特别是对少数民族地区、边疆地区的学生及困难学生等群体,形成"党

委统筹,校长总负责,分管校领导牵头负责,有关领导和职能部门、二级学院齐抓共管"的工作格局,分级落实少数民族学生就业创业工作责任。二是统一工作思想,理清工作思路。促进就业是保障和改善民生的头等大事,也是关系到少数民族地区、边疆地区学生安稳的重要问题。在新形势下,高职院校应更加重视少数民族同学的就业工作,着力深化就业工作重心,由"就业数量"向"就业质量"转移,全力铸就少数民族学生就业工作成为学校"民生工程""质量工程""品牌工程"。三是坚持以促进就业为导向,强化学生的主体意识、成才意识、责任意识,全面提升学生素质,深化"以服务为宗旨,以基地为依托、以市场为重点、以质量为目标"的就业工作思路,融"就业教育、创业教育、素质教育以及职业生涯规划教育"为一体,积极推进立体化校园市场、全覆盖信息网络、全程化就业指导、全方位就业服务。四是拓宽就业渠道,确保充分就业。多渠道收集适合高职院校少数民族学生的就业岗位信息,加强对少数民族学生的就业指导和招聘活动的组织。五是做好基层就业项目。不断创新思想教育方式方法,引导广大少数民族毕业生积极主动就业,到基层、到西部、到祖国最需要的地方建功立业,精心组织实施"西部计划""三支一扶"等基层就业项目。建立少数民族学生按区域就业创业的跟踪调查考证机制。持续关心关爱参加基层就业项目的少数民族毕业生,在服务期满时,为他们的"再就业"提供政策及信息服务。

五、确保学生资助政策在少数民族学生中落实落地

学生资助工作是确保在校学生顺利完成学业的有效途径,高职院校更应确保少数民族学生不因家庭经济困难而辍学。为了更好地保障少数民族学生的切身合法利益,帮助他们正常学习和生活,顺利地完成学业,学院通过多途径的资助政策来帮助他们,一是评定国家奖助学金时在同等条件下向少数民族学生倾斜;二是设立专门的少数民族学生资助项目;三是设立少数民族学生勤工助学岗位,鼓励他们通过劳动获取报酬。

高职院校中的少数民族学生群体大多来自偏远地区、少数民族聚居区或是边疆地区,他们毕业后大多会返回家乡,服务家乡的建设。高职院校应竭尽所能地将他们培养成才,既成就了学生个人,又为国家整体的发展和建设作出了贡献。

参考文献

[1] 郝艳君,潘磊.高校少数民族大学生的教育管理工作[J].天津市经理学院学报,2014(1):43-44.

[2] 雪晴.少数民族大学生思想政治教育研究探析[J].内蒙古师范大学学报:教育科学版,2014,27(1):32-34.

[3] 张艳波,侯利军.新时期高校少数民族学生差异化教育管理模式探索——以东北林业大学为研究个案[J].内蒙古师范大学学报:教育科学版,2014(1):20-22.

学习小组模式在民办高校辅导员队伍培养中的应用

摘　要:学习小组因具有形式新颖、成员参与度高及成员内心体验较传统培训丰富等特点,对全面提升民办高校辅导员培养工作具有很好的启示。当前民办高校辅导员队伍建设存在培养模式单一、培训设计缺乏科学性、辅导员队伍专业化发展水平整体较低等问题。学习小组模式的引入能够为辅导员在工作中找到志同道合的同仁,为辅导员的成长搭建平台,提升辅导员队伍的凝聚力和专业水平,加强学生工作的科学性和创新性。本文从分析高校辅导员队伍培养中引入学习小组模式的必要性入手,全面阐述了我校在辅导员队伍培养中对学习小组模式的具体应用和取得的成效,为民办高校辅导员队伍的培养指出了新的方向。

关键词:学习小组;民办高校;辅导员;队伍培养

一、学习小组的内涵

合作学习是一种古老的教育观念与实践,20 世纪 70 年代初兴起于美国,它基于"人多智广"的理念,把"合作学习"小组作为基本组织形式,系统利用教学过程中的动态因素,以互动的方式促进学习,评价团体成绩,以期共同达成教学目标的教学活动。虽然"合作学习"理念主要在课程教学中普遍应用,但在高校辅导员队伍培养中引入相关概念还属于较新的研究范畴。本文"学习小组"的概念虽然来源于"合作学习"教育理论,但更多地吸纳了团体心理辅导技术和社会工作利他主义的导向,以小组的基本组织方式为基础,参考团体心理辅导的方法,以辅导员工作实际问题为导向,倡导团队合作、利他主义互动和自我成长,是一种通过公众参与、凝结智慧共同解决问题的重要方式。通过关系的建立与发展促进个体意识的增强和辅导员间的合作,提升辅导员团体的凝聚力和工作效能。

学习小组的核心理念是让辅导员动起来,会思考,会提问,会质疑,能创新。将该方式引用到辅导员队伍的培养中是一种全新的探索和实践。学习小组旨在以辅导员兴趣和能力为基础,以辅导员日常工作实际为内容,设计模块化的学生工作专题,为辅导员创建提升业务能力、凝炼工作经验、孵化科研项目及探索发展方向的平台,从而促进辅导员全面成长。

二、将学习小组模式引入辅导员队伍培养工作的必要性

(一)当前民办高校辅导员队伍建设现状

《普通高等学校辅导员队伍建设规定》颁布十余年来,国家及各地教育行政主管部门出台多项政策,强调辅导员队伍的重要性,在队伍配备比例、选聘标准、职责要求、管理考核、发展与培训等各方面提出要求。教育部也相继出台了辅导员培训工作的两个五年规划,由此可以看出,国家关于辅导员队伍培养的目标和思路不断明晰,国家、省级、高校三级辅导员培训体系有序开展。辅导员培训工作呈现系统推进,理论与实践相互促进、蓬勃发展的崭新局面。但是,按照"专业化、职业化、专家化"发展要求,对照不同高校辅导员的特点,当前辅导员队伍培养还存在一些问题。

1. 辅导员培养形式单一,培训获得感低

当前大部分民办高校对辅导员队伍培养基本上是通过岗前培训、线上专题培训、时政理论学习等途径开展,培训时间不固定;每学期集中培训 1~2 次,每次培训时长不固定;从培训内容上看,主要以群集式的培养模式开展相关培训,内容较少涉及实际操作训练,对辅导员工作中集中出现的共性问题缺乏深入探究和针对性指导。这种常规的培训模式较为单一,一般为主讲者一个人讲述,基本全程"独唱主角",辅导员共同讨论机会少,融入感低,辅导员之间交流较少,无法真正提高辅导员的参与度和获得感。

2. 辅导员队伍年轻化,专业化水平整体较低

从辅导员的年龄及专业来看,大部分民办高校辅导员呈现出普遍年轻化的趋势,对思想政治教育工作研究甚少,专业性不强,对育人工作的规律总结和把握不够,职业认同感偏低。日常工作中缺乏创新,基本上是采取传统的学生管理模式,缺少一定的灵活性,对实践经验的凝炼比较欠缺。总体来说,辅导员队伍的专业化水平整体较低。

3. 辅导员培训设计缺乏科学性,吸引力和活力不够

从当前各民办高校辅导员培训的组织模式来看,基本上是高校辅导员网络学

院或学生工作主管部门设计培训内容,主要采取线上线下讲座的形式开展,是一种自上而下的、组织主导的、整齐划一的培训。因此在培训内容上缺乏吸引力,很少结合辅导员自身需求设计具有个性或共性的培训方案,忽略了辅导员的经验结构、专业背景等方面的差异,不能很好地激发辅导员通过培训寻求自我成长的内在动力。一般培训的形式以单一的填鸭式授课为主,很少采用情景模拟、翻转课堂、角色互换、团队拓展等体验式教学方式,缺乏活力,效果不佳。

(二)学习小组模式在辅导员队伍培养中的优势

1.通过学习小组模式,辅导员能找到志同道合的同人

作为个体,辅导员在日常工作中接触较多的辅导员主要有两类:一类是本系部的辅导员团队,相互之间主要是进行纵向交流,有利于更加准确地把握本系部的学生特点,同时在某种程度上也可以实现辅导员之间老带新的工作互助;另一类则是所带同一年级学生的辅导员团队,相互之间主要进行横向交流,有利于辅导员解决具有鲜明阶段性和普遍性的工作难题。虽然两种模式的交流从某种意义上来说为辅导员实现日常工作目标提供了有效支持,但对辅导员的个体成长和个性需求是不够的。有研究表明,有相当多的辅导员渴望在庞大的辅导员体系中快速找到志同道合的同人,共同深入探究感兴趣的工作话题,得到相关领域专家画龙点睛的指点,解决工作难题,升华工作思考。因此,将学习小组的模式引入辅导员队伍建设对于辅导员队伍的培养来说是很好的补充。

2.学习小组模式为辅导员的成长搭建了平台

辅导员学习小组一般采用小组活动、问题导向、人人参与讨论发言等方式进行,有助于辅导员之间从横向到纵向持续和巩固地全方位交流与合作,加大辅导员参与度,增强辅导员队伍的互动性和开放性,为辅导员之间搭建有效的交流平台。辅导员应对实际工作中的各工作板块做到有思路、有方法、有组织。在学习小组针对同一问题的深度讨论中,不同工作经历、不同工作背景和不同视角的组员反馈和启发不同,有利于辅导员之间优势互补,形成新的视角,有的放矢地处理好同类问题,从而提升辅导员的职业能力和效能感。

3.通过学习小组模式,能提升辅导员队伍凝聚力和专业化水平

辅导员学习小组的组建考虑了成员的工作经验、职业兴趣和发展意向等因素,这样形成的小团体更有助于新老辅导员相互之间的学习、工作经验的凝炼和传承,以及辅导员"传帮带"的顺利推进,从而提升整体的专业化、职业化水平,同时有助

于辅导员沟通情感,提高辅导员队伍的凝聚力。

三、学习小组模式在我校辅导员队伍培养实践中的应用

学习小组模式的特点决定了它不同于以往以讲座、培训为主要模式的辅导员队伍建设途径。学习小组是通过建立同质单元小组,设定小组目标,根据目标设计小组活动次数、主题并组织实施,达到预期效果的过程。结合当前民办高校辅导员队伍建设的现状和辅导员队伍培养中存在的问题,我校在辅导员队伍培养中有效地引入了辅导员学习小组模式,为我校辅导员队伍培养注入了"新血液",也取得了初步成效。

（一）组织结构完善,责任分工明确

在学校党总支领导下,学工部专门成立了辅导员队伍培养工作领导小组,由分管校领导任组长,学工部领导担任副组长,下设办公室,由学工部专门负责老师担任主任、各系部学工组组长担任执行主任,学校全体辅导员为成员。在学工部和系部的双重管理下,辅导员结合自身专业背景、兴趣能力和职业发展方向选择了不同主题,共成立了 8 个辅导员学习小组,各学习小组按要求制订了小组学习计划,明确了各自的责任分工。

（二）以需求为导向,合理设计主题

根据我校辅导员日常工作实际及学生管理工作要求,从全校范围内整合辅导员资源,打破不同系部、不同年级的界限,以辅导员实际需求为导向,聚焦辅导员兴趣,合理设计学习小组的主题。如思想理论教育和价值引领、网络思想政治教育、学生日常事务管理、党团和班级建设、心理健康教育与咨询工作、职业规划与就业创业指导、校园危机事件应对、学风建设等不同主题方向的辅导员学习小组。

（三）运行机制完善,运行成效凸显

为确保辅导员学习小组的有效运行,我校编制了《重庆护理职业学院辅导员学习小组指南》,明确了学习小组的人数、目标、内容、考核方式以及成果等。每个学习小组确定 1 名团队召集人或负责人,每个学习小组选 1~2 名指导专家,专家由相关领导、经验丰富的思政教育工作者、资深辅导员、全国优秀辅导员、教育行业领军人物等担任。后期将根据运行情况逐步成立指导专家库,整合校内外及区域优势资源。从目前运行看,每个辅导员学习小组都以"问题陈述—头脑风暴—专家点评—总结反馈"的机制运行,使每一次小组学习问题聚焦且高效。

　　总的来说,我校将学习小组模式引入辅导员队伍培养的实践,充分激发了我校辅导员队伍的主观能动性和团队合作能力,提升了团队凝聚力和集体智慧,创造了以问题为导向的辅导员队伍培养模式,增强了辅导员的工作技能和育人本领,在很大程度上满足了辅导员的个人成就感和价值感,实现了辅导员队伍职业水平的整体提升,为推进民办高校辅导员队伍建设指出了一个新的方向。

参考文献

[1] 吕敬,杨瑛."小组学习":高校学生干部队伍建设新范式[J].山西:中北大学学报:社会科学版,2017,33(4):49-51.

[2] 杜晓娟,罗文萍,杨琦,等.基于工作坊模式的高校辅导员队伍培养机制探究——以成都中医药大学为例[J].教育教学论坛,2018(52):16-17.

[3] 莫秋树,雷明芳,陆莉莉.高校辅导员培训路径拓展研究[J].经营管理者,2015(12):247-248.

[4] 薛海霞.精致化教育理念下的高校辅导员队伍培养机制研究[J].中国校外教育,2015(11):169-170.

三线并行教学和全程贯通就创业指导相结合人才培养模式的探索与实践

季汉涛　高　凯　张　芳

重庆电讯职业学院

摘　要:我国已经进入新的发展阶段,随着产业不断升级和经济结构调整加快,社会对技能型人才的需求也越来越迫切。2019 年,新颁布的《国家职业教育改革实施方案》,为职业教育健康发展提供了更好的政策和更多的机遇,职业教育重要地位和作用越来越凸显。针对高职学生特点,结合学校办学实际,以提高技能人才培养质量为核心,探索和实施了教学线、管理线、实践线三线并行教学和全程贯通就创业指导相结合的人才培养模式改革,取得了一定的成效。

关键词:三线并行;全程贯通;人才培养;教学

1999 年大学扩招以来,我国高等教育发展迅猛,规模急剧扩大。目前,我国高等教育毛入学率达到了 51.6% ,高等教育已经实现了从精英化向大众化的跨越,并开始向普及化阶段迈进。高等教育的任务和人才观念都发生了显著变化。传统精英教育重点关注学生的智力,而大众化和普及化教育则相对降低了对考生分数的要求,使具有不同能力特点的学生能够有机会接受高等教育。大众化和普及化教育不但要培养科技英才,还要培养社会经济建设所需的各行各业的专门人才。

在职业教育发展的新背景、新形势下,学校遵循"厚德为人,砺能立身"的校训精神,以提高人才培养质量为核心,结合自身院校特点,开展了教学线、管理线、实践线三线并行教学和全程贯通就创业指导相结合的人才培养模式改革,经过几年的探索和实践,逐渐形成了效果明显的人才培养模式。

一、"三线并行"人才培养模式的探索与实践

学校始终坚持"学生为本,德育为先,能力为重,就业第一"的办学理念,树立素质、知识、能力协调发展的质量观,以及德育为先、能力为重、全面发展的育人观,积极探索高职学生成长成才规律,初步形成并实施了教学线、管理线、实践线三线

并行的人才培养模式。

(一)教育教学实施"四段三融合"工学交替人才培养模式

在教学主渠道上,推进和实践"四段三融合"工学交替人才培养模式,以培养学生就业核心竞争力为主线,根据学生职业成长及认知规律,把职业能力培养分为四个阶段:一是基本知识学习、基本技能培养阶段,为期一年;二是生产一线实践教学阶段,为期三个月;三是专业理论学习、专业技能和综合素质培养阶段,为期一年三个月;四是以就业为目的的职场顶岗实习阶段,为期六个月。由低到高的渐次递进,实现从职业基本能力到专项职业能力,再到综合职业能力的全面提升。人才培养实现三个融合:以人才需求为标准,改革课程体系和教学内容,实现人才规格与企业需求、教学内容与职业标准、教学过程与工作过程的三融合。

(二)学生管理实施规范化与人性化协调统一的和谐管理模式

在学生教育管理上,坚持以"学生为本",在传承学校前身军校管理优良传统的基础上,实施规范化与人性化协调统一的和谐式管理模式,把对学生的管理划分为强化管理、固化管理和自我管理三个阶段:一是强化管理阶段。大一阶段,坚持在注重人性化管理的基础上,按照各项规章制度严格要求、约束学生,教学、行政、后勤、社团活动等多方形成合力,营造齐抓共管局面。充分发挥学生干部管理作用,通过学生间交流沟通达到有效管理,让学生从不乐于接受管理到自觉自愿服从管理,以达到顺利完成学业、成人成才的目的。二是固化管理阶段。通过社会实践,展现强化管理阶段成果。第三学期,利用三个月左右的时间,让学生到生产技术先进、管理严格规范的大型企业进行生产一线实习,让学生接触社会、了解生产一线,通过社会实践锻炼,让学生认知社会,提高社会适应能力,形成和固化良好的职业素质。三是自我管理阶段。经过强化管理和固化管理阶段,学生已经形成了良好的自我约束和管理能力,学生能够自觉地按照行为规范约束自己。第四、第五学期,依靠学生实行自我管理,管理者通过检查、指导,营造良好的自我管理氛围,提高学生自我管理意识和管理能力。

(三)实习实践实施"四位一体"教学模式

在综合实践教学环节上,构建并实施校园实践、生产一线实习、专业实习和顶岗实习"四位一体"实践教育教学体系。一是"以日常养成为目的"的校园实践教育教学实践活动。学校组织开展以提高学生专业技能为目的的第二课堂活动和各种技能培养兴趣小组活动等,提高学生专业知识技能,拓展实践渠道。开展以培养学生职业能力为主的各种社团活动、竞赛等,在老师的指导下,由学生全程参与,有效地提升学生的职业核心能力。二是"以社会实践为目的"的生产一线工学结合实习。将生产一线工学结合实习作为一门必修课程实施。实习期间,每60人左右配备一名带队辅导员或指导老师,与工厂指导师傅一起全面负责学生技能培养和教育管理等,进一步提升学生专业认知和实际应用能力。四是"以就业为目的"的职场顶岗实习。最后一学期,学生根据所学专业,结合个人兴趣和自身条件优势,选择顶岗实习单位完成实习任务。各二级学院会同教务处共同审定实习单位,学校组织学生与实习单位实行双向选择。顶岗实习期间,学校安排老师跟踪指导,严格按照实习要求培养,使学生顺利完成从大学生到职场人的转变。

二、"全程贯通"就创业指导的探索与实践

将创新创业教育贯穿于人才培养的全过程,从新生入学到学生毕业就业的整个过程中,对学生实施全方位的就业创业指导,力争做到"五进""两落实",即:进人才培养方案,进课程标准,进教材,进课堂,进实训室;落实到教师的教学行为上,落实到学生的学习行为上,将就业创业指导渗透高职教育的全过程。

(一)融入大学生活,规划职业生涯

新生入学后,以教学班为单位开展"我的大学生活"演讲比赛,让学生在入校的第一学期就开始审视自己的大学生活,为自身制订大学学习规划。这既让学生明确了学习目标,激发了学习兴趣,也让学生在活动中提升了职业核心能力。

在开展教学活动的同时,分别在第一、二、五学期开设"就业指导"课程,让就业指导老师引导学生发掘自身的优势和兴趣爱好,结合所学专业审视人生,制订个性化的人生职业发展规划,让学生明确人生奋斗目标,激发学生的成人成才动力。

(二)了解社会需求,掌握应聘技巧

学生进入大二后,学校通过开展生产一线的工学结合实习、专业实习等社会实践学习活动,让学生充分接触社会、了解社会、体验生产一线的劳作过程和管理特点,从而树立正确的就业观念。

根据形成的就业观念,在大二下学期引导学生确定自己的第一任职岗位,让学生收集岗位的工作内容、工作环境、工作过程、岗位对职业人各方面的要求等,制作符合岗位应聘条件的求职自荐书,并在校园实践教育教学活动中,组织开展应聘技巧和模拟应聘大赛,以比赛的形式提高学生的自我推销能力和应聘对口率及成

功率。

(三)熟知职场规律,提高就业质量

在大三顶岗实习前,就业指导课按照专业群的岗位要素设计教学内容,重点介绍职场的竞争规则,充分发挥学校"重庆市市级微型企业孵化园""重庆市大学生创业示范基地"和"重庆市众创空间"的示范作用,立足学校计算机软件、文化传媒、移动通信、电子商务和物联网等专业特色优势,构建创新创业课程体系,提升学生科学素养,强化大学生的科研和技术应用能力培养,培养学生的创新精神。

学校邀请职场上的成功人士、人力资源管理者、行业专家等作报告当导师,用职场发展的成功案例引导学生审视"我的职场"。在此基础上,进行职场模拟竞聘比赛,提升打拼的本领,使学生走出校门前就能了解职场、认知职场,就能有明确的努力方向和奋斗目标,彻底解决毕业生初入职场时感到茫然的问题,为学生在职场的进一步发展奠定坚实的基础。

通过实践,三线并行教学和全程贯通就业创业指导相结合的人才培养模式促进了学校人才培养质量的提升。学校毕业生专业技能过硬、动手能力强、职业定位清晰、创新意识强,能较快适应工作环境,团队合作意识强,用人单位满意度高。近年来,学生就业率均在98%以上,学校也被教育部确定为第三批现代学徒制试点单位。

参考文献

[1] 教育部.全国高等教育毛入学率51.6%[EB/OL].

[2] 重庆电讯职业学院.学院简介[EB/OL].[2020-05-25].

[3] 高凯,季汉涛,王骏阳."三线并行"人才培养模式的探索与实践——以重庆电讯职业学院为例[J].经济研究导刊,2020(7):121-122.

[4] 张芳,季汉涛.新形势下以就业创业为导向的高职教育人才培养的研究与实践[J].经济研究导刊,2018(5):58-59.

新时代背景下"五立"学生教育工作模式探析
——以重庆海联职业技术学院为实例

张　鹏　张德欣

重庆海联职业技术学院

摘　要:"立德""立人""立智""立业""立功",是一重要的闭环体系,对学生成长乃至其终身发展,至关重要。笔者从实践的角度,结合重庆海联职业技术学院的"五立"学生教育工作模式,对该模式予以探究分析,以期对高职院校发展有所裨益。

关键词:五立;立德;立人;立智;立业;立功

一、引　言

"五立"学生教育工作模式是重庆海联职业技术学院长期坚持实施的一种工作模式,取得了良好的实效。重庆海联职业技术学院创建于 1999 年,是一所以培养空中乘务、空中安全保卫、无人机应用技术、飞机电子设备维修、航空物流等专业人才为主的航空类专业院校。学院坚持以习近平新时代中国特色社会主义思想和全国教育工作大会精神为指导,围绕立德树人根本任务,紧扣民航行业对人才综合素质的实际需求,积极构建了"以思想政治教育促立德、以军事化管理促立人、以专业锤炼促立智、以实践教育促立业、以就业服务促立功"的"五立"学生教育工作体系,不断提升学生的综合素质,助力学子圆梦蓝天。笔者拟从思想政治教育工作促"立德"、军事化管理促"立人"、专业锤炼促"立智"、实践教育促"立业"、就业服务促"立功"五方面对新时代背景下的"五立"学生教育工作模式予以探解、分析。

二、以思想政治教育工作促"立德",培养学生良好品质

内化于心,外化于行。思想政治教育工作是一项必须开展的对在校大学生具有无可替代地位的重要工作,是将规则意识"内化"为学生素质至关重要的一环,

其强化思想观念、树立规范意识、端正行为习惯,是大学生之德培养的一种重要方式。

重庆海联职业技术学院紧紧围绕"立德树人"的根本任务,通过学习会议精神,开展主题辅导报告、纪念活动、评优评先、爱国主义教育活动等,促进学生立爱党之德、立爱国之德、立敬业奉献之德、立诚实守信之德、立文明守纪之德。

一是以贯彻落实党的十九大精神、全国教育工作大会精神为重点,通过组织开展演讲比赛、网络知识竞赛、辩论赛、主题辅导报告等活动,深入持续地学习、贯彻、落实党的十九大精神及全国教育工作大会精神,帮助和引导全体同学深入持续地学习党的十九大精神,不忘初心,牢记使命,坚定永远跟党走的理想信念。

二是以"庆祝改革开放四十周年"、纪念五四运动 100 周年、庆祝中华人民共和国成立 70 周年等重大节日、节点为契机,通过组织开展集中观看庆祝活动直播、主题班会、演讲比赛等活动,教育、引导学生坚定理想信念,弘扬改革精神,以更大的热情投入到改革发展行动中去。

三是认真开展各类评优评先活动,选树典型,创先争优,充分发挥学生的模范带头作用,不断加强大学生的思想教育和引领工作。

四是通过开展心理健康课堂教育、心理健康普测、心理健康咨询、心理健康讲座等活动,不断加强大学生的心理健康教育及疏导,积极做好学生的人文关怀工作。

五是认真做好仪式感教育,充分发挥每周的升旗仪式、散学仪式等活动的作用,加强对学生的爱国主义、职业理想、诚实守信、文明安全、校风校纪教育等。

六是建立"奖、助、勤、贷、缓、补"六位一体的奖助体系,积极落实精准资助的有关政策,使家庭经济困难的学生及时得到帮扶和资助,及时让贫困学生感受到党和政府的温暖和关怀。

三、以军事化管理促"立人",健全学生人格

对于军事化管理,有赞成者,也有反对者。综合来看,利大于弊,军事化管理对大学生生活习惯、学习习惯乃至以后工作中所需要的良好的工作习惯之培养极其重要。令行禁止、整齐划一、干练、干净、利落、不拖泥带水、对效率的追求等军事化管理规范特征对学生良好习惯之养成功不可没,学生受益终身。

重庆海联职业技术学院坚持"无缝对接"的培养模式,根据民航行业的特点及

用人需求,以军事化的管理和教育为抓手,通过军事管理的"三化"建设,立满足社会需求之人,立民航行业需求之人。

一是以"全员化"建设,塑造"立人"的"骨架"。军事化管理的对象不仅仅是学生,还包括我们的教职工,是由院校各级领导、各个部门处室、教官、老师及学生组成的共同体,军事化管理需要大家相互理解配合、互相支持弥补才能完成,需要全员支持与参与。为此,学院出台了《军事化管理实施方案》《军事化管理绩效评估体系》《军事化管理课堂规范》《学生军体素质达标体系》《军事化管理生活管理规范》等制度,明确了学生要达到的目标,厘清了辅导员、教官、学管干部、教师、生活老师等教职工在培养中的职能职责,并要求全体教职工率先遵守、率先垂范,凡学生要做到的,教职工也要先行做到,凡学生必须遵守的,教职工也要带头遵守,进而营造浓厚德"立人"氛围。

二是以"特色化"建设,延伸"立人"的内涵。学院紧扣民航业特色,以"生活制度化、行动军事化、秩序规范化、活动群体化、培养标准化"这"五化"目标为主线,按照统一着装、统一学习、统一训练、统一就寝、统一就餐、统一安排各类活动的"六个统一"的要求对学生进行教育管理,最终实现将学生培养成行业所需的高素质复合型人才的目标。

三是以"全域化"建设,丰富"立人"的内容。军事化管理的内容非常丰富,它涵盖了军训、军体课、一日生活制度、仪容仪表训练、会操检阅、学生活动、八大常规、"九个文明"(文明礼仪、文明形象、文明课堂、文明就餐、文明就寝、文明晨训、文明集会、文明网络、文明出行),等等。通过这些方方面面的内容训练与落实、执行与遵守,充分地将军事作风、军事纪律和军事智慧融入日常,抓在经常,进而丰富"立人"的内容。

四、以专业锤炼促"立智",强专业职业之根基

高职学生在专业理论学习上,应有所积累;在专业精神打造上,应有所成就;在专业科学思维培养方面,应有所建树;在专业技能锻造上,应有所实效。否则,与未受过高等教育者无异。以专业锤炼促"立智"方面,应从以下方面努力:

一是积累专业理论知识。高职高专院校人才的培养绝不能将实践问题推至极端,不应轻视,甚至是忽视、放弃专业知识理论教学。因为专业理论知识的重要性并不亚于实践,其同样是对实践理论化、系统化之总结,对实践起着导航和定向作

用,应以"管用""够用"的专业理论为支撑,注重职业实践,提升专业素养、锻造专业技能,厚重专业之基。

二是强化专业精神观念。"大学之大,不在校园之大,其大首先在于精神之大;高校之高,不在楼宇之高,其高首先在于品位之高。"对于航空类专业而言,其实践性极强。但即便如此,航空类专业同样要强调专业观念培养、专业精神打造、专业思维训练,同样要强调相关专业理论知识的学习,同样要强调极致服务,强调航空服务"五心"之培养。

三是树立专业科学思维。高职高专院校培养的不应是普普通通的、"堆砖砌瓦"的"泥瓦匠人",而应是专门的技能型、技术型人才,或者说是培养高级"匠人"。解决大学发展中碰到的各种问题,需要深入贯彻习总书记讲话精神,牢牢把握住高等教育的本质,大学的根本,不在于"大",而在于"学",要把工作重心切实落到培养高质量的学生、提高高等教育的质量上来。

四是锻造专业技能。开足、开好、开实实践实训实习课时,采取学前认知实训、岗前实习实训、课堂随堂实践、案例操作实践、专业职业场景模拟等形式,使专业理论知识与职业岗位实践、工种岗位需要紧密衔接、密切配合,以增强专业理论知识之实效性发挥,缩短专业知识学习与岗位就业实践衔接之周期。

五、以实践教育促"立业",增教书育人之实效

结合岗位需要,契合工种标准,贴合市场需求,适应经济形势,针对学生实际,开展适合实际需要、"能用""管用""够用"的实践教育,对"立业"之功用意义重大。

重庆海联职业技术学院重视并积极构建学生实践的平台,不断增强学生的"立业"意识,升华学生的"立业"技能。

一是以"双创"教育活动为抓手,通过开展"创业导师进校园""GYB 培训""SYB 培训""金点子大赛"等活动,强化学生的"立业"意识。

二是结合学院的办学特色及学生培养目标,积极开展第三届学生职业技能大赛、军事技能比赛等丰富多彩的比赛活动,营造特色航空文化,持续提升学生的"立业"技能。

三是关注校外赛事,拓宽"立业"渠道。组织学生参加 2018 年重庆市"巴渝工匠"杯职业技能竞赛、第四届"互联网 + "大学生创新创业大赛、重庆市第二届"渝

创渝新"中华职业教育创新创业大赛、"挑战杯——彩虹人生"全国职业院校创新创效创业大赛等赛事活动,并获得 1 个全国一等奖、1 个市级金奖、2 个市级二等奖、2 个市级三等奖、1 个市级优秀奖的好成绩。

六、以就业服务促"立功",扩专业成长之价值

开展就业服务,提供就业信息,进行就业前的指导、就业中的跟踪、就业后的归整,开展面试模拟,进行情景演练,促进就业顺利进行,是专业成长价值的最直接体现,对学生自我价值的发挥、社会价值的释放非常重要。长期以来,重庆海联职业技术学院坚持"扎根专业,建功民航"的就业教育及服务理念,努力提升学生的专业对口就业率,不断提升学生的就业质量,努力实现学生翱翔蓝天的梦想。

一是加强对就业工作的组织和指导,坚持实行毕业生就业工作"一把手负责制",学院定期召开关于就业工作方面的会议,分管领导每周召开一次就业指导老师、各系主管领导和毕业班辅导员的专题会议部署就业工作,及时掌握就业形势的变化,着重从用人单位人才需求变化、用人制度变化、毕业生就业理念变化着手,对就业方案做出调整,努力促进毕业生充分就业。

二是跟紧市场需求,创新人才培养模式,不断加强与民航企业的校企合作。从教育与社会需求的结合点入手,坚持工学结合的培养模式,把企业岗位、技能要求与学校的专业设置、课程体系、课程教学的组织实施有效结合起来,让企业由配角变成主角,参与到学院的教学、管理和决策中来,实现职业教育与就业教育、学院教学与企业要求有机结合,促进对口就业。

三是坚持"巩固老市场、拓展新市场"和"走出去,请进来"的工作思路,积极开拓就业市场,为毕业生提供高质量就业平台。

四是加强对就业"困难户"的帮扶和指导,通过单独讲授、"个性化"推荐合适的就业岗位来帮助就业困难的学生明确自身优势劣势,进而选择适合自己的工作,帮助就业困难的学生群体充分就业。

七、结　语

学生管理教育工作是系统工程,对学生的成长至关重要,关于其探索研究无止境可言。

笔者将继续结合"五立"学生教育工作模式,在"立德""立人""立智""立业"

"立功"五方面,深入贯彻落实党的十九大精神和习近平新时代中国特色社会主义思想,紧紧围绕"立德树人"的根本任务,按照职业教育的相关要求,总结经验,扬长避短,不断完善提升"五立"学生教育工作体系的育人质量,使"五立"教育工作模式更加成熟、效果更好、成绩更优、模式更完善。关于其探索、实践,我们一直在路上。

参考文献

[1] 阎华荣.大学生养成教育初探[J].邢台学院学报,2003,18(1):75-78.

[2] 黄济、王策三.现代教育论[M].3版.北京:人民教育出版社,2012.

[3] 黄济.教育哲学[M].北京:北京师范大学出版社,1985.

[4] 赵中建.教育的使命:面向21世纪的教育宣言和行动纲领[M].北京:教育科学出版社,1996.

[5] 约翰.怀特.再论教育目的[M].李永宏,等,译.北京:教育科学出版社,1992.

[6] 束荣盛.规范办学行为背景下学生有效管理的几点思考[J].基础教育参考,2010(8):41-43.

[7] 安文铸.什么样的学校管理是"有效的"[N].中国教育报,2011-04-05(10).

立足"六性"，建设具有特色的民办高职校园文化

郭玉龙　黎　猛　郭春阳

重庆能源职业学院

摘　要：校园文化是学校发展之魂。以"党组织主导性、文化先进性、内涵丰富性、制度连贯性、全员创造性、注重职业性"等"六性"为基本内容的校园文化建设，是民办高职学院在校园文化建设中的有益探索和实践，也是高职院校实现健康的内在动力。

关键词：民办；高职；校园文化

质量是立校之本，文化是发展之要。校园文化是学校发展的灵魂，是凝聚人心、展示形象、提升文明程度的重要手段。"一所追求卓越的大学，如果缺乏卓越的大学文化，其永远不可能成为卓越的大学。"校园文化建设是学校综合办学水平的重要体现，是学校个性魅力与办学特色的展示，是适应形势发展、促进社会和谐的重大举措，是提升教育内涵、促进教育可持续发展的重要途径。面对日新月异的多元文化，民办高职院校的文化建设要深刻认识其战略意义，着眼社会文化发展的前沿，立足学校建设的实际情况，在发扬优秀传统文化、汲取精神营养的同时，必须在党组织主导性、文化先进性、内涵丰富性、制度连贯性、全员创造性、注重职业性这"六性"上下足功夫，不断创新内容和形式，丰富师生的精神世界，增强学校的吸引力和感召力。

一、发挥党组织主导性，确保社会主义办学方向

2018 年 9 月 10 日，习近平总书记在全国教育大会上发表重要讲话，提出"九个坚持"，排在第一位的便是"坚持党对教育事业的全面领导"。学校党组织肩负着宣传和执行党的路线、方针、政策等重任。民办高职院校应充分发挥党组织在学校教育教学工作中的核心领导作用，坚定不移地把党的教育方针全面贯彻落实到教育教学的各方面，使党组织成为校园主流意识形态的引领者、校园精神的塑造

者,确保学校社会主义办学方向和校园文化建设的正确方向。

一是建立健全"党委统一领导、党政工团齐抓共管、职能部门组织协调、二级单位贯彻落实"的工作机制,推动各相关方面履职尽责,形成教育发展合力。二是通过"三会一课"抓好党员的学习,统一思想、统一认识,筑牢意识形态安全防线,让理论武装工作真正入脑入心,对不良观念、不良风气形成冲击。三是构建"三全育人"有效机制,扎实推进习近平新时代中国特色社会主义思想进校园、进课堂、进师生头脑,引导广大师生不断增强"四个意识"、坚定"四个自信"。四是通过"两学一做"学习教育活动,引导党员教师在更高层面上追求教育的真正价值,树立教师不只是"职业",更是高尚"事业"的崇高理想,在教育教学中体验充实感、满足感和幸福感,弘扬"学高为师、德高为范"的思想,做到敬业修德、勤学奉献,为形成良好的教风、学风、校风奠定坚实的基础,切实让党员在校园文化建设中发挥先锋模范作用。

二、坚持内容先进性,打造主题明确、品位高雅的校园文化

民办高职院校校园文化可定义为:民办高职院校内部的一切活动及活动方式,包括精神文化、制度文化和环境文化。大学校园一直是反腐蚀、反渗透、反颠覆斗争的前沿阵地,在意识形态领域长期存在着复杂的斗争。因此校园文化建设必须坚持先进性,充分认识到积极向上、健康有益的校园文化是对政治工作的强化,是占领思想文化阵地的重要手段,否则校园文化就将失去其发展方向。

近年来,受社会种种不良风气的影响,大学文化出现过庸俗现象,危害大学在人们心目中的形象,甚至危害科教兴国战略的实施。因此,我们必须明确:校园文化应当是以社会主义核心价值观为指导、以实现社会和谐为目的、促进社会主义精神文明建设的主流文化。校园文化建设必须坚持以先进的理论为基础,准确把握时代特色,以帮助广大师生树立正确的世界观、人生观、价值观为核心,以讴歌校园新风、弘扬正能量为主旋律,强化爱国主义精神和奉献精神,牢固树立为社会做贡献的坚定决心,努力打造主题明确、教育意义深刻、品位高雅的校园文化,形成积极向上、文明清新的好风气,使民办高职院校之"高"实现"技术高、品位高、格调高",承担起"社会的道德良心,民族的文化希望,国家的科学脊梁"这一光荣历史使命。

三、把握内涵丰富性，打造富有魅力的校园文化

文化立校的内涵发展之路，是高职院校突破发展瓶颈、实现健康发展必由之路。一所学校有别于其他学校的最大差异在于学校文化，即长久以来形成的精神积淀。在全面推进素质教育的大背景下，高职院校之间的竞争形式、内容、标准必然发生根本性变化，从以办学规模、设施设备等为主的硬件竞争，逐步转向以品牌、特色、信誉、形象、服务等为主的软件竞争。打造富有个性的校园文化，需要在以下三个层面努力：

一是精神文化建设。通过"三风一训"（教风、学风、校风和校训），让师生真切感受其透射出的独特感染力、凝聚力和渗透力，这是高职院校精神文化的主旋律。

二是制度文化建设。无规矩不成方圆，制度文化具有强制性，如教学制度、校规校纪、培养目标等。当制度中的教育思想、价值理念逐渐为历届学生所接受，就在其内心凝固为无须提醒的自觉行为而自然传承，如我院的准军事化管理制度。这是校园文化的重要保障。

三是环境文化建设。校园文化阵地是师生的"精神家园"，也是传承学校历史文化记忆、体现学校未来发展定位的文化综合体。从个性鲜明的学校视觉形象，到丰富多彩的课余活动，以及充分满足师生基本文体活动需求的室内外活动场所，其中所蕴含的丰富人文主题无不在潜移默化中影响着师生的精神世界，凝聚着万众一心的办学合力。这是区别于其他学校的文化性格，具有恒久生命力。

四、注重制度连贯性，保障校园文化建设可持续发展

"十年树木，百年树人"意味着校园文化的孕育必须经历长期"积淀"。要维护校园文化建设的健康发展，必须建立科学、健全的长效机制，防止出现"想起来搞一点，想不起来撂一边""谁都管，谁也没有管"的局面，注重校园文化建设长远发展的连贯性，摒弃急功近利思想，避免初具规模的校园文化成果被扼杀在摇篮中。在具体工作中，必须做到五个"统一"。

一是坚持理念与实践相统一。防止理念与实践脱节的"两张皮"现象，坚持实践性原则和动态性原则相结合，以适应社会文化的时代要求和校园文化现实的内在要求。

二是坚持共性与个性相统一。要有对社会主流文化的价值认同，对教育方针、

政策的遵守，又要突出学校自己的历史积累与特色，做到"人无我有，人有我优，人优我精"，在文化建设中打上学校的特色烙印。

三是坚持物质建设与精神建设相统一。重视基础设施建设，在物质中渗透精神，通过物质展现精神。在坚持整体性原则的基础上，使物质文化、制度文化、行为文化和精神文化建设有机结合，保证校园文化建设协调发展。

四是坚持继承与发展相统一。处理好历史与现实、现实与未来的关系，努力做到在继承中创新，在创新中发展。校园文化建设中要具有"变"的意识，但"变"不是朝令夕改，而是与时俱进、与时代同步、与社会共进。既要继承和弘扬优秀的历史文化传统，又要渗透和体现先进的时代精神。

五是坚持当前与长远、部分与整体相统一。校园文化建设要有整体、长远、统一的考虑和规划，一定要站在战略的高度，从长远的角度考虑。校园文化建设切不可随意性太强、变换过频，以免缺乏建设的连贯性、持久性和一致性，应当结合年度工作安排，在各级部门制订工作计划的同时，明确责任分工，建立检查监督机制，确保工作有序稳定地推进。

五、提高全员创造性，提升校园文化建设质量和内涵

文化本身就是群众创造的，校园文化建设也是如此，它是广大师生探索实践、展现自我的过程，只有师生自己唱主角，才能充分发挥群众的创造性。经常开展院、系两级文化活动，增强师生的参与意识，才能在娱乐性和群众性的文化活动中培养集体荣誉感，增强单位的凝聚力，切实打造开展经常性思想政治工作的"倍增器"和推动单位各项工作的"弹射器"。在调动师生积极性方面应当注意两个问题：

一是注重活动的内涵和质量。校园文化离不开丰富多彩的学生课余活动，但活动是文化建设的载体，是文化建设的形式而不是目的，高职院校受生源质量的影响，文体活动质量不高，因此校园文化活动更应当有目的、有计划地进行，在提高质量和内涵方面下功夫。要让学生真正懂得通过活动收获了什么，提高了哪些能力，有什么感触。当学生通过活动受到某种微妙的触动，哪怕只是一点一滴的启迪，活动也是有意义的。

二是活动应贴近学生生活。校园文化建设没有师生的积极参与，就会出现"上边热、下边冷"，或是少数人忙碌，多数人闲着的"曲高和寡"状况。在校园文化中，我们要充分挖掘师生的潜力，发挥他们的想象力和创造力，使文化活动源于现实生

活,贴近现实生活,反映现实生活,让校园充满青春的朝气。同时,积极开展高雅艺术进校活动,定期邀请专业文艺团体演出,聘请艺术指导、文学大家、社会名人来学校开办讲座、画展及各类文化培训班等,突出社会影响,培养文化骨干,确保活动质量,让校园文化之花常开不谢,让校园文化建设成为精神文明建设的重要组成部分。

六、注重培养职业性,找准校园文化建设的定位

职业性是高职院校区别于本科院校的显著特征。职业素养和职业忠诚是高职人才素质结构的核心部分。职业素养是该职业所需的以理论知识、专业技能、实践能力和创造能力为重要组成部分的综合素质,这种"职业性"的精神特质要求民办高职院校在构建校园文化中考虑"就业为导向、能力为核心、素质为本位"的培养思路。

民办高职院校的运作与企业自主经营、自负盈亏的特点虽有相似之处,但校园文化和企业文化却有着本质区别。学校本身是文化组织,民办高职院校校园文化是学术文化,以育人为根本宗旨;而企业本身是经济组织,企业文化是经济文化,以逐利为目标,二者不能等同。但高职院校在构建校园文化时,可以借鉴企业文化的有利成分,如企业文化中的效率、效益、忠诚、团队精神等,培养学生职业忠诚和工匠精神,增强学生未来进入社会和企业的适应能力,提高企业对学生的满意度,增强竞争力。

综上所述,健康向上、丰富多彩的校园文化对学生品行的形成具有渗透性、持久性和塑造性,潜移默化地影响着学生人生观、价值观、世界观,对提高学生综合素质、拓宽知识视野、培养适应社会的能力具有深远的影响,具有凝聚、导向和育人的强大功能。因此,在校园文化建设中,高职院校应当不断探索具有特色的、独立的建设之路,为学校的长效发展注入不竭动力。

参考文献

[1] 眭依凡.关于大学文化建设的理性思考[J].清华大学教育研究,2004,25(1):11-17.

[2] 方泽强,刘星.对民办高职院校校园文化的新思考[J].现代教育管理,2010(10):87-90.

浅谈高校辅导员工作方法创新

刘华东

重庆经贸职业学院

摘　要:高校辅导员工作是高校工作的重要组成部分,辅导员是高校学生思想政治教育工作的管理者。高校辅导员的工作方法将直接影响学生未来的发展目标,高校辅导员应厘清自己的工作思路,明确工作方法,在新形势下,不断创新学生管理工作意识,更科学有效地指导学生全面发展。

关键词:思想政治教育;方法创新;核心力量

高校思想政治教育是学生工作的基础,是高校学生工作的核心力量,是学生思想政治工作的一线战斗员,是大学生思想政治工作的引导者和教育者,在做好学生思想政治工作、引领学生快乐成长的过程中具有非常重要的作用。高校辅导员要充分认清学生工作的重要性和挑战性,积极摸索新思路、新方法。

随着时代的发展,学生思想不断变化,高校辅导员的管理工作也因此增加了一些难度。作为高校思想政治教育工作者,高校辅导员必须转变工作观念,创新工作方法,个人浅谈如下:

一、思想政治教育的特点

高校思想政治教育具有以下特点:

①大学生对所接受的各种教育要进一步地消化和吸收,然后再通过言行举止表现出来。这就需要一个量变到质变的过程才能体现出来。

②展示学生管理工作的成果,让所有学生通过学习不断强化政治觉悟,最终成为社会培养有用之才。

③高校辅导员开展思想政治教育,必须要有充分的计划方案,并且必须保证人人参与,才能让思想政治教育发挥最大的价值。

二、当前高校辅导员工作遇到的难题

"互联网＋"时代的到来,无疑给高校思想教育工作带来了更大的挑战,同时也提高了学生培养标准。高校不仅要培养复合型人才、综合性人才,还要培养学生的创新精神、健全的人格及高尚的品德。这就要求辅导员工作要紧跟时代趋势。

三、准确定位,明确责任使命

(一)高校辅导员的角色定位

长期以来,外界对辅导员工作有一种比较狭隘的认识,把辅导员纯粹当成"消防员""万精油""保姆",这种认识只突出了其管理角色,同时就强化了辅导员工作的局限性,不能更好、更科学地开展工作。辅导员应该是大学生成长的领路者、人格的塑造者、心灵的净化者、心理健康的咨询者,是大学生的知心朋友,随时战斗在大学生思想政治教育的第一线。这就要求辅导员要具备坚定的政治信仰,强烈的责任心、使命感和强大的思想政治工作理论水平,争当学生的人生导师。

(二)高校辅导员的工作性质

在学生管理工作中,学工队伍、学生会、班团干部起着非常重要的作用,辅导员应按照学校管理工作计划,随时组织丰富多彩的学生活动,把工作重心放在思想教育和学生管理上。辅导员是和学生相处、相知的老师,应充分挖掘当前大学生的潜力和价值,广泛开展好学生思想工作。

(三)把握高校辅导员的工作职责

辅导员工作内容具有普通性、重复性、枯燥性,作为高校思想政治教育的执行者,要真正在学生身上用心、走心,想学生所想,解学生所惑,有针对性地开展爱国主义教育、学生道德素质教育、艰苦奋斗教育、安全教育、三观教育、创新创业指导教育等;组织、开展好各种专题教育;真正为学生服务,在工作中以学生为中心,穿旧鞋走新路,不断探索学生管理工作方法,真正把学生培养成对社会有用的人。

(四)不断加强自身学习,提高工作能力

辅导员要利用各种机会加强自身学习,多收集学生的真实意见,将学生工作作为一门学问去学习、去研究,不断提高自己的管理能力,不断总结管理工作的经验,随时进行自我剖析,用远大理想、宏伟目标鞭策自己,做到自强不息、奋发向上,尤其要加强自我道德修养,做到言行一致、表里如一、为人师表、率先垂范,起到模范带头作用。辅导员要尊重学生的权利、人格、兴趣爱好和心理需求,积极引导学生参与日常管理工作,真正走到学生中去虚心听取意见和建议,调整心态、摆正位置,与学生进行双向交流,最大程度地帮助学生,鼓励学生实现自我教育、自我管理和

自我服务,努力为学生创造轻松和谐的学习生活环境。

四、高校辅导员工作方法应多元

辅导员工作是一种传统的教育方式,高校辅导员要在工作中不断继承和发扬优良传统,不断摸索思想政治教育工作方法,精准掌握目前大学生的特征,不断变化自己的工作方式,入心入脑地开展大学生思想政治教育。

①站在学生的立场,换位思考,坚持"一切为了学生,为了一切的学生,为了学生的一切"的原则,利用自己的碎片时间和学生打成一片,真正走进他们的内心,准确地掌握学生当前的思想动态,切实展示好教师形象,争做学生的知心朋友。

②学生管理工作是一门艺术,应从学生思想政治教育工作的基础出发,利用网络,不断钻研工作方法,解决学生工作中存在的问题,使学生思想政治教育真正落到实处,让自己的学生工作系统化和正规化,从而不断提升自己的工作效率。

五、高校辅导员工作要有创新

高校辅导员工作只有紧跟时代步伐,才能不断得到提升。

首先,要切实把社会主义核心价值观融入教育的全过程,坚持不懈地用马克思主义中国化的最新理论成果教育学生,用中国特色社会主义共同理想引导学生,用以爱国主义为核心的民族精神凝聚学生,用社会主义荣辱观培育学生。要切实加强诚信教育、责任感教育、心理健康教育、安全教育、法制教育和创业教育。

其次,高校辅导员应结合新时期学生思想的实际,有针对性地进行思想政治教育。不同的学生群体对学生思想政治教育工作提出了各种不同要求,理清思想政治教育的管理工作思路,分清对象、看清场合才能最大限度地调动学生的积极性和创造性。

再次,随着学生思想政治教育工作内外部环境的变化,辅导员传统的教育、管理、服务方式和内容体系已难以适应现代大学生的心理特征和成长规律。因此,高校辅导员的工作必须实现工作内涵的意识创新,要坚持"导向管理""依法管理""公平管理""自主管理",最大限度地引导学生追求自我人格的完善。积极鼓励学生参加各种社团活动、社会实践服务、开展丰富的校园文化活动,加强学生第二课堂。加强党团、社团建设,支持学生参加勤工俭学、社会实践、青年志愿者等活动,让学生了解更多的国情、民情,把理论教育、参与实践与服务社会结合起来,帮助学生树立正确的世界观、人生观和价值观,培养社会责任感和使命感。同时,为学生提供细心的服务和指导。

最后,新时期高校辅导员工作必须要有明确的定位和目标,不仅要抓好学生在校的一切,还要结合家庭教育力量,积极构建家校教育平台,不断地拓展学生思想政治教育管理工作的新视野。高等职业学校教育整体转型势在必行,我们的工作必须遵循时代要求,以科学发展观为指导,充分认识辅导员工作的重要性,及时转变工作意识,努力开拓创新,探索各种有效途径,才能切实有效地促进学生全面发展,并实现学生思想政治教育的目标。

参考文献

[1] 翁铁慧.高校辅导员行动指南[M].上海:中国福利会出版社,2004.

[2] 杨敏.论高校学生工作管理理念的创新[J].重庆职业技术学院学报,2006,15(4):22-24.

[3] 陈琛.浅谈高校辅导员应有的工作意识和方法[J].科学信息,2008,(26):535+519.

[4] 周宏菊,何振.对高校学生工作创新的思考[J].当代经济,2008(16):160.

[5] 曾凡明.以科学发展观创新高校思想政治工作[J].贵州民族学院学报:哲学社会科学版,2008,(4):176-178.

[6] 张翔.新时期高校学生工作理念创新探析[J].产业与科技论坛,2008,7(8):205-206.